スイスが問う日本の明日

近代の中に忘れてきたもの

花田吉隆

刀水書房

はじめに

スイスという国のエッセンスを煮詰めていくと「開放型共同体」の概念に行きつく。

スイスが共同体であることは改めて言うまでもないが、それは過去にそうであっただけでなく、一人当たりGDPで世界有数の国となった現在においてなお、スイスの本質が共同体であることは留意されなければならない。日本もまた、強い共同体的特質を持った社会であり、その結果、アジアとヨーロッパという遠く離れ、文化的、歴史的にも異質の二つの国家に多くの共通した特質を見ることができる。

スイスを特徴づけるもう一つの要素が開放性である。共同体は、社会の構成員同士が強く結びつくため、通常、閉鎖的である。日本の閉鎖性は「ガラパゴス」の言葉が流布するとおり、広く一般に認識されている。ところがスイスは、共同体の要素をその根幹に持ちつつも、外に開かれた開放性を持つことがその特徴である。この開放性が、スイスの強みの秘密でもあり、経済分野において多くの世界的企業が活躍する理由でもある。

スイスを理解する基本概念は開放型共同体だが、この開放型共同体たるスイスは世界有数の経済的繁栄を誇りながら、目指すところは経済的富というより生活の質、即ちクオリティー・オブ・ライフの充実である。スイスはポストモダンにある。

日本は、スイスと多くの共通性を持ちながら、依然、近代社会的繁栄、即ちモダンを追及する。しかし、日本も高齢化の進行に伴い、近年明らかな変化が看取されるのであり、この先一層の高齢化が見込まれる中、このまま近代社会モデルを追求し続けることには限界がある。

というより、実はこの点にこそ、日本が、過去四半世紀にわたり混迷の淵から抜け出せない原因がある。即ち、日本は、新たな成長モデルに転換しなければならないにもかかわらず、今日に至るまでその転換を果たせていない。いつまでも近代社会モデルを追求していたのでは、近年先進国を取り巻く諸条件の変化に対応しえないが、日本は依然旧型モデルを追求している。この諸条件の変化への不適応こそがデフレと景気低迷の原因なのである。

クオリティー・オブ・ライフを追求するスイスの姿は、我々に何か重要なことを問いかけている。我々は明治この方、近代化のプロセスを必死に走ってきた。今、そのプロセスが壁に当たり、新たな成長モデルに切り替えるべきだとしても、切り替えるべきは、単に経済のモデルというより我々の生き方そのものである。我々の生きる姿勢と近代化との関係こそが問われなければならない。我々は、近代化の過程で何か大切なものを忘れてきたのではないか。我々は、近代化の過程で一体、何を忘れてきたのだろう。スイスはそのヒントを与えてくれるのではないか。

クオリティー・オブ・ライフを追求するスイスの生き方は明日の日本の生き方である。スイスを考えるとは日本の進むべき道を考えるということでもある。

目次

装丁　的井　圭

スイスが問う日本の明日——近代の中に忘れてきたもの

第一章　共同体

スイスの本質

スイスは、その最も本質の部分において共同体である。

共同体とは、互いに顔見知りの構成員からなり、従って地理的範囲の限られた、多くの場合、峻険な自然環境に囲まれ一つの閉鎖空間を作っているような、そういう地理的範囲内での生活扶助組織である。その目的は、互いの生存を確保する上での相互扶助である。

そういうものが、ウーリ、シュヴィーツ、ウンターヴァルデンの原始スイスにあった。三州の共同体の自治が脅かされようとしたとき、互いがリュトリの丘に集まり盟約した。

この意味で、この生活扶助組織は、剣を手にし、独立のために戦う戦闘集団である。

ハプスブルクへの抵抗

周囲には有力領邦が控えていた。ハプスブルクが支配を拡大しようとしている。山の中の小さな共同体が生存を維持できる可能性は高くない。

しかし、剣を手にした共同体には強みもあった。なんといっても自然条件の厳しい山岳の民である。屈強という点では、ハプスブルクに引けをとらない。

更に、山岳の地形は守る側に有利である。山岳の複雑な地形を知り尽くしたスイスの民は、ハプスブルクの無体に容易に屈しはしなかった。一三一五年、スイスの民はモルガルテンの戦いでハプスブルクを撃退する。

原始スイスはこのようにして成立したが、その盟約に後から加わった近隣諸州も、思考の根底にあるものは同じであった。目に見える範囲の人々の生活扶助と剣を手にしての独立の死守。それがやがてスイスという国家を作っていく。

従って、そこには観念としての民主主義があるわけではない。スイスに於いて、民主主義は観念ではなく生活である。高邁な観念としての民主主義があったのではなく、生活を営む上で自然と生み出されてきたものがスイスの民主主義である。気がついてみると、スイスの民主主義は啓蒙思想家がいう民主主義の理念と同じであった。スイスの民主主義はそういうものである。

従って、フランスとはこの点で相違する。スイス人は観念としての民主主義のために戦うことはない。生活としての民主主義を守るだけである。

それは、地理的範囲が広がり、見知らぬ者も多く含まれ、従って、全てが手が届く範囲のことではなくなった今も変わらない。

スイス人にとり、思考は共同体から出発する。共同体がまずあり、次にカントン（州）があり、最後に国家が来るのである。国家はあくまで盟約の結果であり、スイス人にとりそれは後から来たものである。この点でフランスと異なるし、明治以降の日本とも生き方を異にする。

明治以降の日本も植民地勢力に独立を脅かされたが、日本はその脅威から自らを守るため強力な中央集権国家の構築を目指した。スイスはあくまで共同体に基礎を置く「盟約」としてのスイス国家にとどめた。スイス国家は作られたが、根底に共同体があることは常に変わらなかった。

スイスが共同体をその根底に持つことの意味

スイスが共同体としての性質をその根底に持ち、従ってこれを考える際、国家というより共同体としての性質に着目した方がその本質をよりよく理解できる、ということはいくつかのことを含意する。

第一は、スイスの物事の決め方である。

凡そ政治とは、社会の込み入った利害関係の中にあって、その間の調整を図り物事を決定していくプロセスである。古来、このプロセスのシステムとして専制主義や全体主義があり、近年、世界で民主主義が優勢である。スイスが民主主義国家であることは言うまでもないが、民主主義の概念でこの国を一括りするより、共同体という側面により多くの光を当て、決定のプロセスを考えていった方がよく分かるのではないか、ということである。

第二は、政治の決定とは、絡み合った利害関係の中で一つの方向性を出し利害関係者全員をそれに従わせることである。

統治とは、政治の決定権者が自らの意思を集団の構成員に押し付けることである。民主主義とは、決定権者は国民自身であり、従って、これは「押し付け」ではないと論理構成したものである。決定権者は「意思の押し付け」をスムーズにするため様々な手法を用いる。その一つに「権威」がある。スイスが共同体であるとは、そこでは、権威が他の国の権威となにがしか違った様相を帯びているに違いない。

第三は、スイスの本質が共同体であるとは、スイスが、共同体でない、つまり、国家的である要素を持つことを排除するものではない。

現にスイスでは、歴史の流れにおいてこの両者のせめぎあいがあり、その結果として、一方が他方を完全に排除することなく現在に至っている。二つの要素の間には微妙なバランスが保たれているのであり、この点にこそスイス人の知恵があるのである。

以下、これらの点を具体の事例に即して見ていく。

ランツゲマインデ

グラールス州とアッペンツェル・インナーローデン州に現在も残るランツゲマインデ（Landsgemeinde）は昔ながらの共同体を彷彿とさせる。

ランツゲマインデは、スイスの直接民主制を示すものとして名高い。

集会の日、成人男子の住民が剣を手にして共同体の広場に集まる。戦いの集団たる共同体であることが人々の腰に差された剣に現れている。それは戦いの集団であるが故に、構成員は成人でなければならず、また男子でなければならない。

人々はそこで、共同体が抱えるあらゆる問題を提起し、議論を重ねる。決定は構成員全員の合意による。従って、個々の構成員は決定に責任を負わねばならない。討議事項は自らの生活に直結した事柄である。議論は否が応にも白熱する。

これがスイス政治の基礎にあり、スイスは今もこの共同体精神を受け継ぐ。

アッペンツェル・インナーローデン州のランツゲマインデ　2017年4月30日 Thomas Hutter 撮影

その共同体精神とは、身近な生活の問題は共同体の構成員が合議により解決する、ということであり、民主主義と大上段に振りかぶることもない、共同体ならどこでもあるような寄り合いの精神である。ただそれが、独立を脅かされるとき、剣を持って戦うとの点で激しさを帯びる。独立に関係しなくても、討議事項が一人一人の生活に直結する問題なので議論は真剣そのものになる。腰の剣はその真剣さを表す。

要するに、スイスにあっては全てが抽象でなく具体なのだが、そうなるのは共同体が地理的に限られ互いが顔見知りの者で構成されることによる。スイスにあっては山を越えた向こうは他人事である。ランツゲマインデ自体は現在二つのカントンに残存するのみである。しかし、その精神はスイス全土に及ぶ。

ベルンの週末の談笑

週末の朝、一一時頃、ベルンから三〇分ほども車を走らせ、市の中心部から離れた、何ということもない小さな料理屋に入る。すると決まって、数人が一つのグループになり楽しそうに談笑している姿に出くわす。

これこそがスイス共同体の姿である。互いに気心が知れ、気の置けない仲間同士が、週末の朝遅くブランチを共にする。誰ともなく、近頃の出来事を話しだし、誰それがどうした、と話が盛り上がる。その間、絶えず笑いが渦巻き、和気藹々とした雰囲気があたりを支配する。

なんとも楽しそうな、気の置けない仲間内の会話、誰もがくつろぎ、心から会話を楽しみ、腹を抱えて笑い、週末の朝のひと時を共にする。何かの目的があって食事を共にするのではない。ただ、気心が知れた者同士が、自然と集まり、家族も交え話に花を咲かせる。

それが何とも楽しく、互いが互いを認め合い、冗談を連発させ、笑いの中に互いの生存を確認する。そうやって時間を共にすることにより共同体の絆は強化されるが、しかし、人々はそのために集まるのではない。ただ、時間を共にすることが楽しいから、ただ話に花を咲かせるのが嬉しいからやって来る。

勿論、話題は広範囲に及ぶ。どこそこの誰々はこうしたらいいと言っていた。もっともな話だから今度村の会議で検討してみよう。どこそこの橋はもう古い。壊れては危険だから早目に直さなければだめだ、等々。そういうことが、人々の談笑の中で自然にふれられていく。

人々は、週末のゆったりした時間をこうやって過ごす。ここにスイスの共同体の原始的姿がある。スイスの民主主義も、スイスの中立も、スイスの繁栄も、この週末の、スイス人が集まり輪になって談笑する姿にこそ、その根本の拠って立つところがある。

スイスの民主主義は観念ではない。それは頭から生まれたものではなく、人々が普段の生活を共にする中から生まれたものである。

ベルン駅前の景観に関する国民投票

ベルン駅前は、いくつものバスや路面電車の路線が交差するターミナルである。駅前の広場を挟み商店街が軒を連ね、中世からのアーケードが延びる。人々はアーケードを通り雨の日も濡れずに買い物ができるが、ターミナル自体は覆いがなく、青空に露出する。人々はそこにも覆いをつけ、雨に濡れずに買い物ができるようにしたいと考えた。

しかし、ベルンは中世の面影が残る、しっとりとした佇まいの町である。そこに、いきなり巨大な覆いが出現しターミナル全体を覆えば、それまでの景観は一気に損なわれかねない。景観をとるか、雨に濡れない利便をとるか。市民を二分した論争が起きた。

結局、住民投票が実施され利便派が勝利を収めた。景観派は敗北を喫し泣く泣く引き下がった。しかし景観派も住民投票の結果は尊重する。それが、共同体がまとまって存続していくための条件である。

スイスでは有権者の意思を頻繁に確認する。こういうことまでいちいち有権者に聞くのか、と思うことも少なくない。かくてスイス人は連邦レベルの投票のため年に数回足を運ぶ。これに州レベルと市町村レベルの投票が加わる。実に国も、州も、市町村も常に有権者にお伺いを立てるのである。

連邦レベルの国民投票には、イニシアティブとレファレンダム（義務的及び任意的）がある。

イニシアティブは、有権者一〇万人以上の署名を集めれば憲法改正を発議できるとするものである。

レファレンダム（任意）は、五万人以上の署名により連邦議会が可決した法律を国民が再審査する。

この国民投票の制度が、ランツゲマインデの精神から発していることはいうまでもない。人々は、自分の生活に直結する事項を自ら決しその結果に責任を負わなければならない。代表を選び議会に送り後はその者に任せる、との姿勢は共同体スイスにとり受け入れられない。

これには色々な批判がある。そもそも、頻繁な国民投票の制度はスイスのような小さい国だからできることであり規模の大きな国にそのまま当てはめるわけにはいかない。国民投票は、ムードに流され、懸案の事項だけでなく、時の政治問題一般がからんだ投票になりやすい。例えば、最近では英国のEU離脱が良い例である、とされる。国民投票は色々な問題はあるが、その最も根本の所に於いて、自らの生活の事柄は自らが決し責任を負うとの思想がある。国（州、市町村）は、その制度を通し、国民にそういう姿勢を持ち続けることを要求する。共同体スイスとして最も重要なところである。

ドイツ、ハーナウ市議会の地方自治

そこで、スイスではないが、ドイツの住民自治を参考までに見てみたい。

フランクフルト南方にハーナウという人口一〇万人弱の小さな町がある。グリム兄弟生誕の町である。

二〇〇七年、筆者はその市議会を訪れた。

議会開会の夕刻、フランクフルトから車で駆けつけてみると、今まさに市議会が開会されようとしており議員四〇名ほどが既に席に着いていた。服装は皆、普段着で、ジーパンあり、セーターあり、ポロシャツありの思い思いの服装である。当日は平日であり、議員は勤務を終え議場に駆けつけたはずである。しかし、ドイツの市町村はどこもラフな格好で仕事をする。従って、恐らくこれが昼間の仕事着なのであろう。

聞いてみると、職業は様々で、学校の先生あり、大工さんあり、タクシーの運転手ありで、実際、筆者を案内してくれた市議会議長さん自体、学校の先生であった。学校で生徒を教え、それを終えて市議会に駆けつけ市政を論ずる。従って議会は勤務時間後と決まっている。昼間は皆おのおの仕事を持っている。

開会が宣言され、その日の議題が説明される。その日議論が行われたのは、ゴミ処理場の問題で、場所や環境の事柄が事細かに議題に乗っていた。

人々の議論は真剣である。何といっても議題は身近な事柄である。結論如何では、それが議員一人一人の生活に直接影響する。子供らの将来も考えれば、一つ一つの議題を徒やおろそかに扱うわけにはいかない。

白熱した議論が二時間ほど展開された後、会議はいったん休憩に入った。

すると、議員は立ち上がり議場から出て、廊下にしつらえられたスタンドのテーブルを囲み、立ちながら三々五々サンドイッチをほお張り始めた。何せ、職場から直接駆けつけたため誰も夕食をとっていない。しかし市議会には食堂がないから、皆自分で弁当を持参する。ドイツの弁当は、固い黒パンにハムとチーズを挟んだもの。水筒に入れたコーヒーを飲みながら、皆、手早く夕食を済ませる。

食事を済ませた議員は、再び議場に戻り後半の質疑が始まる。そうやって夜一〇時頃、市議会は散会した。

議員は無報酬である。夜の料亭政治もない。何といってもジーパンにセーターでは議員としての威風もない。しかし、議員は何のために議員として働いているのか、何のために選挙に立候補し、多くの票を得て当選したのか、議員であることの意味をよく知っている。それは、共同体のために自分の時間を割く、ということである。そして共同体のために真剣に討議に参加する、ということである。それ以上のことはないのであろう。

それは市議会というより村の寄り合いといった方がいいのかもしれない。日本でも規模が小さいところでは、議会というより寄り合いで共同体の懸案を処理してきたし、場所によっては今もそうかもしれない。

違いはドイツでは市議会が村の寄り合いそのものであるということである。そしてゲルマンの流れを汲むスイスもまた事情は同じである。

寄り合いの長は、特別のステータスではない。そもそも寄り合いは、村の構成員が集まり村の問題を合議で解決するところである。構成員は皆平等である。ただ、合議に際し、進行役やとりまとめ役が必要であろう。それが寄り合いの長であるに過ぎない。寄り合いの長は特別の権威を持つわけではない。

実際、ハーナウ市の市議会議長さんは気さくであった。学校では生徒が慕ってくるだろう。

スイスの公僕

スイスにおいて大統領は七人の閣僚の輪番である。一年の任期を終えれば次の者が大統領の職務を務める。大統領職は順繰りに巡ってくる当番である。スイスの大統領が電車通勤をすることはよく知られている。吊革につかまる隣の人がこの国の大統領である。

二〇〇七年、筆者は、スイス国立銀行（Schweizerische Nationalbank）副総裁（当時、現総裁）のトーマス・ジョルダン氏とドイツでよく会ったが、スイスからドイツへの出張は飛行機利用が認められておらず、専ら列車を乗り継いで来ていた。

また、筆者が面会のためスイスの国立銀行に行くと、ジョルダン氏は膝上の半コートを羽織り、国立銀行正面の回転ドアーから一人で、「遅くなってごめん」と言いながら出てくるのだが、副総裁の通勤に公用車はない。近くだからといって一緒にレストランまで歩いて行って夕食を取ったものである。まさか自宅まで自転車で通勤はしていないだろうが、少なくとも運転手付きの公用車はなかった。世界に名だたるスイス・フランの番人がこれである。それがスイスの公僕である。

スイスにおける「権威」

凡そスイスにおいて、国の重要なポストにある者に、いわゆるいかめしい権威というものは見られない。どこでも、大統領も国立銀行の総裁もそれなりの権威を持つ。彼らには近寄りがたい雰囲気があり、そこに人は威厳を感じ権威を認める。それが「統治」というものであり、国民はこの人についていこうという気になる。

スイスで、そういう雰囲気がないのはどうしてだろう。いや、むしろ大統領にせよ国立銀行の総裁にせよ、そういう雰囲気を意識的に否定している。ここでは、一段高いところにいるということは「統治」の上で何の効果も持たない。むしろデメリットである。彼らは、共同体の世話役、誰もまとめるものがいなければ困るから寄り合いの長をかって出た、というに過ぎない。だからと言ってそのものが一段上の立場にいるわけではない。単なる寄り合いのまとめ役である。そういう意識が、スイスのリーダーにはある。

統合に際してのスイス人の知恵

スイスでは共同体がまずあり、次にカントンがあって、最後に国家が来る。

まず、共同体が身近な事柄を決し、次にカントンの決定があり、最後に残った大枠を国家が決する。

その結果、住民の生活は中央が決める画一的なものにはならず、それぞれの共同体独自の個性が残る。比喩的に言えば、「粉ミルクが溶けず粉の玉があちこちに残った」ようになる。スイスはカントンごとに違うし、共同体ごとに違う。言語も違うし宗教も異なる。逆に言えば、それらを統一することなく違いを残したまま統合する。そこがスイス人の生活の知恵であった。

近隣に独、仏、伊という大国が控える。

例えば、スイス国民の六割を占めるドイツ系が、多数だからといって言語をドイツ語に統一したらどうなるであろうか。

スイス人はそういう発想はせず、逆に一地方でしか話されていないロマンシュ語を国語に採用し、独、仏、伊の言葉とロマンシュ語の四つを公用語とした。どれか一つの言語に統一しようとすればスイスは成立しない。それに反対する地域はスイスから離れていくであろう。独、仏、伊の言語を残したままスイスという国を成立させねばならない。違いの存在を残したまま統一体を形成する。

その場合、独、仏、伊という大国の言語だけでなく、ロマンシュ語という弱小言語を公用語に加えバランスをとるのがいい。スイスは周りの独、仏、伊という大国の要素を持った「部分」だけが集まったのではない。スイス独自の「部分」もまたスイスを構成している。その方がスイスとしてバランスがいい、とスイス人は考えた。

多様性の国スイス

独、仏、伊の各言語は、それぞれ独、仏、伊に隣接した地域に使用地域が集中する。ところが宗教はそういう塊がない。スイスの国中に、カトリックとプロテスタントが混在する。これではとてもどちらかの宗教に統一することは不可能である。

かつてヨーロッパは、三十年戦争という血で血を洗う宗教戦争を経験した。ドイツは、戦いの結果、国土が荒廃し人口は三分の一も減ってしまった。スイスは三十年戦争に加わることがなかった。統一を目指さず違いを残したまま統合したからである。

「多様性の国スイス」とはスイス政府のパンフレットに必ず出てくる言葉だが、「多様性」とはスイスの最も重要な国是である。全体が画一になることはスイスではなく、違いは「溶けない粉ミルク」のごとく残されなければならない。

スイスはEUへの加盟を国民投票で拒絶することとし、ユーロへも参加しないこととした。ブリュッセルの指令を受け、フランクフルトの金融政策を受けることは、スイスは、潔しとしない。EUという巨大組織に組み込まれ画一的な統治を受けては、スイスはスイスでなくなる。スイスはあくまで違いを残したまま国を作る。違いが失われる、画一的支配には馴染まない。

昨今のEUは統合の危機にある。見方によっては、EUのこの画一的手法がヨーロッパ国民とEU

との間に溝を作りＥＵの不人気を生み出しているとも言える。ＥＵは、そうならないよう各国の独自性を可能な限り残そうとしてきたが、ＥＵがブリュッセルの官僚により画一的統合を進めてきたことは紛れもない事実である。ＥＵはスイス型の統合に舵を切っていくべきなのかもしれない。この点は後でまた述べる。

スイスに於ける中央集権体制への動き

この、共同体第一、カントン第二、国家第三の順位付けは、しかし、これまで波風が立たず推移してきたわけではない。その最大のものが国家の権限拡大であった。

中世の領主が割拠する封建制は、やがてその中の強大な権力を握る有力領主に統合されていく。一八七九年、フランス革命と共に国民が国家の主役に躍り出たが、折からの産業革命による生産力の飛躍的向上も相まって、ヨーロッパ各地で近代国家形成が進んだ。即ち、産業革命による生産力の向上は、広い範囲からの労働力の結集と資源の獲得を必要とし、また、できあがった製品を広大な市場に販売することを求める。小さく区切られた地域では、労働力、資源、市場の確保が難しいのである。

かくて権力は中央集権の下に集約され、これが近代国家を形作っていくことになる。

スイスにもこの産業革命の波が押し寄せた。いや、それまで大規模な産業らしきものがなかったスイスにとり、イギリスに生まれた産業革命はその生産を飛躍的に向上させることができる僥倖だったのである。

かくて、スイスはベルギーと共に、イギリスの産業革命の波を受け、ヨーロッパの中で真っ先に近代化を始動した。一九世紀半ばのことである。

ここに、スイス古来の共同体の価値を何よりも重要とする立場と、国家の中央集権化を進めようとする立場とが鋭く対立することとなる。

中央集権化を進めるべしとの立場は、当然のことながらそれまでの狭い共同体やカントンに区切られた行政区画を廃し、より広範囲な統合を目指そうとする。それによりスイス全国に鉄道網を敷くことが可能になるし、市場の整備も進むのである。今のように、共同体やカントンが割拠する体制では、鉄道一つ敷くにも、共同体やカントンが集まり利益を調整しなければならない。市場が統合されていなければ物流も滞る。

しかし、これはスイスの旧来の考え方からすれば、スイスの拠って立つ最も根本的なところに触れる企てである。

スイスは、長い間、共同体に根差した価値こそ至上としてきた。その共同体が集まりカントンを形成し、国家を形成した。しかし、できあがったカントンや国家は、あくまで共同体の存在を前提とし、その主役に対する脇役でしかなかったのである。その限りでのカントンの形成であり国家の形成だった。ここに来て、国家が産業の効率性の名の下に、共同体の存在を脅かすことになろうとは、スイス古来の考え方を至上とする人々は考えもしなかった。

しかし、産業化の流れはスイス人の思惑にかかわらず容赦なく進行する。その波はヨーロッパを越え世界に広がっていく。そこでは、如何に効率的に生産を行うか、如何にできあがった製品を広範囲の市場に売りさばくか、熾烈な競争が繰り広げられる。生き残ろうと思えば、スイスは否応なくこの競争に入っていかなければならない。スイスという狭い国土が、更に狭い区域に区切られていることは不利なことこの上ない。

中央集権化の中心はベルンとチューリッヒだったが、政治のベルンより経済のチューリッヒが流れを主導した。

チューリッヒに権力を集めようとの動きは、チューリッヒを始めとした北東部スイスに居住の本拠地を持つドイツ系スイス人には受け入れられやすい。これに対し、西部のフランス系スイス人及び南部のイタリア系スイス人には権力の集中は強大な力に押し潰されることにもなりかねず脅威である。

かくて、共同体より国家に権力を集めようとする中央集権化の動きにフランス系スイス人及びイタリア系スイス人が強く反対することになった。

これに、伝統的共同体の価値をことのほか強く擁護しようとするカントン、即ち、ウーリ、シュヴィーツ、ウンターヴァルデンの原始スイスが加わる。かくて、中央集権化を巡り、ドイツ系スイスとフランス系スイス、イタリア系スイス、原始スイスとの間で熾烈な争いが繰り広げられることとなった。

この国家対カントン（共同体）の対立は、今日に至るまでスイス政治の一つの大きな対立軸である。しかし、歴史の流れの中で、結局、国家とカントン（共同体）のいずれかが決定的な勝者になることはなかった。双方せめぎあう中、両者の妥協が図られつつ今日に至っているのである。国家の権限に対し、なおカントンは根強く抵抗するし、頻繁に実施される国民投票は国家とカントン（共同体）のバランスをとるための巧妙な工夫に他ならない。

日本とスイス——中央と地方

ここにスイスと日本が大きく相違する点がある。日本は、明治維新に際し、中央の国家と地方の藩が激しく争ったが、時代の流れは強力な中央集権体制の側にあり、国家が完全勝利を収めて藩は消滅した。

時は帝国主義真只中、列強の植民地化の魔手が日本にも伸びようとしていた。明治政府の第一の目標は独立維持であり、そのため、富国強兵策が強力に推し進められた。

その過程で全国は見事に画一化され、日本では、国家とそれに対置するものとが、対立しつつも絶妙なバランスを保ち、近代と伝統、効率と共同体的価値を融和させていく、ということにならなかった。一方的に前者、即ち、近代と効率とが勝者となったのである。

日本とスイスが持つ共同体意識

しかし、制度はそういうことで勝敗がついたが、人々の心の底にある意識は変わらなかった。その意識とは、共同体意識である。

現代に於いても、日本人の行動を縛っているのは、この強い共同体意識に他ならない。

日本人は、この共同体の規範に沿って行動することが求められる。それは明示でなく黙示の規範である。構成員は規範に従い、従って、共同体の利益に反しない限り共同体の保護をあてにできる。しかし、規範に反する場合、共同体は構成員を厳しく罰するのである。

戦後、会社がこの種の共同体として機能した。社員は会社のため妻子をほったらかしにして週末も会社のため身を捧げた。社員は会社の規則を守り、会社はそういう忠実な社員に報いた。会社と社員は強固な絆で繋がれ、これが日本経済発展の大きな原動力になった。

日本社会は平等で、福祉が行き届いた社会と言われる。そこには、組織と構成員との紐帯があり、相互の密接な関係がある。日本人はそういう社会に住んでいる。

この意味に於いて、日本とスイスは、その根本のところで共通するのである。

いやそうではない。スイスと日本は、互いに遠く離れ、たどってきた歴史も異なる。唯一、時計産業という手先の器用さが要求される分野で秀でているところは似ているかもしれない。しかしそれ以外に共通性はない。人はそう思うかもしれない。

日本とスイスの共通性

しかし驚くなかれ、スイスを観察すると日本と多くの共通性を見いだす。それは双方が共同体社会を根底に持つからに他ならない。

例えば、スイスでは互いが互いを見ているのであり、人はその目を気にして生活する。

これは、筆者が家を借りた大家から聞いた話だが、その大家はドイツ人である。仕事の関係でスイスに住み家を所有した。スイスでは家の手入れは自分でする。

大家さんも、冬になり、庭の周りの大きな木を剪定した。大家としては適当に枝を少なくすればいいと思った、という。ドイツではそうしていた。

するとある時、匿名の手紙が舞い込んできた。曰く、ここはスイスである、ドイツではそれでいいかもしれないが、スイスでは庭の木々は冬を前にして丸裸に近いほど枝を落とす、貴殿もスイスに来た以上、スイス流に従うべきである、と。近隣がどのように生活するか、スイス人は常に見ているのである。

庭はきれいな芝生で覆われている。その手入れも、所有者が二週間に一度は自分で行わなければならない。所有者は、自ら芝刈り機を使い、芝を刈り込んでいく。それを怠ると、注意の書状が届く。冬、スイスは大雪に閉ざされる。しかし、家の前はどこもきれいに雪かきがなされている。それはスイスに住む者全てが守らなければならない決まりである。それを怠るとやはりどこからともなく注意が来る。

その他、夜何時以降は音を立ててはいけない、トイレの水を流してはいけない、洗濯機を回してはいけない等々、日々の暮らしが事細かに規制される。

アジアから来た筆者の同僚は、スイス社会は規則でがんじがらめになっており、中で生活していると息が詰まる、しかもその規則が守られているかどうか、誰かが常に見張っている、と嘆いたが、実際、スイス社会は「相互監視」により成り立っている。

従って、人は他人の目を気にする。

スイス人は裕福である。一台一〇〇〇万円もするポルシェを複数所有することもまれではない。しかし、スイス人は二台目以降のポルシェの型、色を、一台目のそれと同じにする。それにより周囲から、彼はポルシェを一台しか所有していないと見られる、とは、誇張された面もあるかもしれない。

このようにスイスでは、人は常に互いの視線の中にあり、生活は互いの規制の中にある。そこからはみ出た者は注意され、枠の中に押し戻される。狭い共同体の構成員が、狭い地理的範囲の中で生活しようと思えば、他の構成員を縛り、逸脱を許さない仕組みを作ることは当然である。

日本でも共同体の締め付けは厳しく、日本人は常に他人の目を気にして社会の枠からはみ出さないよう気をつける。それでもはみ出た者は枠の中に押し戻されるか、社会からはじき出される。

スイスはアルプスの急峻な山々に囲まれる。村は山により閉鎖され生活はその中で完結する。山は敵から村を守り、中では共同体意識が育まれていく。

日本もまた同じく、海に囲まれる。囲まれた中は閉鎖空間となり、そこで全てが完結する。敵は海を渡って攻めてくることができず、長い平和の中で独自の共同体意識が生まれる。

スイスの共同体は山が作り、日本の共同体は海が作った。いずれも周りから隔絶した中で構成員を強固に縛る。その縛りの中に、スイス人も日本人も今なお暮らしている。

少し脇道にずれたい。

言葉を発しない日本人

ヨーロッパから帰り日本の生活に戻って思うことがいくつかある。日本人は言葉を発しない。満員電車でも駅のホームでも、互いに一言声をかければ、あるいはちょっと会釈でもすればもっとスムーズに物事が動くだろうに、と思うが、日本人は概して無言である。会釈もない。それは、日本人は、いかに電車が押し合いへし合いであっても、一定の行動をとるだろうことが暗黙のうちに想定されているからだ、と言えるかもしれない。

日本人の心の底には、同じ日本人なら言葉を交わさずともその行動はおおよそ想像がつくとの意識がある。そういう意識があれば、日本人同士は言葉で互いの考えを確認する必要がない。無言のうちでも分かりあえる。

近年、マンションの住民同士でも挨拶の言葉すら交わさないことがあるようだ。これは都市化が生んだ負の側面であるが、その本質は日本人の共同体意識にあるのだろう。

これがヨーロッパだと、人と人との接触に際し、言葉が介在しないことはおよそ考えられない。そもそもヨーロッパに、日本のような満員電車はないが、仮に混み合った電車があったとして、人々が互いに声をかけ、あるいは会釈して他人との間合いを計ろうとするだろうことにつき異論はないだろう。

エレベーターに乗り、たまたま居合わせた者同士が会釈することも頻繁であるし、ましてやマンションの住民同士が、無言で通り過ぎることはまずありえない。人が、無言で通り過ぎるということは、その者は、通り過ぎた者に対し、敵意を持っているがために、言葉を発することなく無言で通り過ぎたのであり、そうでなければ必ず何らかの会釈、発言をして通り過ぎるはずである。ヨーロッパの人々はそう解釈する。

ということは、何が違うのか読者には既に明らかであると思うが、ヨーロッパは互いがよそ者で構成された社会であり、日本は互いが身内で構成された社会である、ということである。

ヨーロッパは古来、様々な民族が入り乱れ交流し、戦争してきた。ヨーロッパには河川を除けば、自然の国境たりうる山はアルプスとピレネーしかない。文明の発展と共に、交易が盛んになり、人々の往来が激しさを増していった。隣に同質の者がいる保証はなく、しばしば異質の者がそこにいたのである。

そういう社会では、人々が隣り合わせた場合、常に会釈し、あるいは発言をすることにより意思疎通を図ることが求められる。マンションの廊下を、互いが無言で行き交えば、そこには敵意が潜むのである。敵意がないことを明らかにしようと思えば、人は会釈し、声を出すのである。

それが日本人社会にはない。すなわち日本人社会は本質的に共同体社会なのである。

電車の中で日本人は居眠りをするが、ヨーロッパでは乗客はキッと目を見開いて一点を凝視し、目をつぶることがない。日本社会は、身内で構成されているため攻撃を受ける恐れがないのである。ヨーロッパではいつ攻撃されるか分からない。

実際、歴史をひもとけば、幾多の侵略があり、虐殺があった。二〇世紀はそれが最高潮に達した時であった。日本は海に囲まれ幸運にも敵に攻められたことがない。元寇は神風が退治してくれた。植民地主義の列強は明治の先達が必死の努力のうちにその侵略を防ぐことができた。太平洋戦争では米軍に攻められ占領されたが、それが歴史上唯一、他民族支配の下に置かれた経験である。ひとえに海に囲まれていたことが幸いした。

この点では、日本とスイスは同じではない。恐らくそれは、スイスが、次に述べる開放型共同体であることによるところが大きいのであろう。

日本人が共同体意識の中に生活し、社会が強い共同体的紐帯により結びつけられていることは、秩序の面で大きな意味を持つ。実に、この共同体意識こそが、日本社会が整然と機能し、安定した秩序の下にある一つの大きな要因である。日本は、世界に冠たる低犯罪率の国であるが、その理由は、明治以来国の隅々に張り巡らされた交番制度によるところが大きいとしても、その根本的要因はこの共同体意識にあるのである。

日本がそういう社会を持ちながら、しかし、制度としては共同体を否定し、強力な中央集権体制を進めてきたことは明治以来の歴史的事実である。日本では、人々の心の中と制度はそれぞれ別の原理で動いている。

「共同体」が我々に問いかけるもの

我々は日々、多くの問題に取り囲まれる。それが我々の社会全体に関するものである時、我々はこれを我々自身の問題としてとらえ、その解決策を考えていかなければならない。それがランツゲマインデであるにせよ、国民議会であるにせよ、あるいはまた国民投票であるにせよ、その中心にあるのは、我々の生活にかかわる問題は、我々が、自分たちの手で解決するとの姿勢である。

高い地位にあるものが取り立てて権威を強調することがないということは、そうしなくても物事が収まるからに他ならない。つまり、政治の世界で、普通であれば、何がしかの権威により治まっていることが権威なしに収まるというのは、権威を取り立てて必要としない仕組みがあるからである。人々が、日々の問題を自らの問題として考え、その解決策を力を合わせて探し出そうという時、あえて、そこに権威を持ち出す必要はないのかもしれない。単なる、議事進行役、あるいは皆の取りまとめ役さえいれば十分だとすれば、そこにいかめしい権威など持ち出す必要はないのである。

人々が、日々の問題を自分自身の問題とし、その解決策を力を合わせ探し出していこうとの姿勢は、そこに共同体の精神が脈々と息づいている時、比較的容易に生まれてくるものなのだろう。スイスにおいて、日々の問題を自分たちの問題として捉える姿勢が貫かれているのは、スイスに、共同体としての特質が今もって色濃く残されているからに違いない。その意味で、スイスがスイスとして機能するその根底に、「共同体」というものがあることは疑いない。

そういう共同体的要素を、日本人は、心の中には今も十分残しながら制度としては完全に捨て去ってしまった。中央集権の強力な体制の下で飛躍的発展を遂げてきた日本は、しかしながら今、大きな曲がり角に来ている。それは、時代が、中央集権による、中央が全体を画一的に統制する体制を求めていないからである。時代は変わったのである。今、時代が要請するのは、中央はもう少し力を弱め、国民の間の違いが許容され、個性が発揮され、個人がもっと大きく手を広げ様々な分野で活躍する、別の言葉でいえば、多様な中に全体の調和を見出していくような、そういう体制である。中央が強力に指導していくのではなく、住民が自らのイニシアティブで問題を考え処理していく体制である。中央の国家組織に加え、我々が生活するより身近な共同体の仕組みがより大きな力を発揮する体制である。国家と共同体の調和、そういうものが求められる時代に我々は住んでいるのである。

それにしても、ヨーロッパの中央に位置する国で、共同体が大きな役割を果たし、国家と共同体がうまい具合に調和する実態を発見することは驚きである。世界はこれまで、おしなべて近代化の道を進んできたのであり、近代化は中央集権が推し進めてきたのである。その旗頭に立ったヨーロッパの一角で、実は近代以前ともいえる共同体の精神が脈々と生き続けている。しかもそれが、高邁な理想ではなく、日々の実践として現に存在し、その結果、人々が豊かな生活を満喫している。

スイスは風光明媚で豊かな自然に囲まれ、瀟洒な別荘が立ち並ぶような場所だから、スイス人は豊かに暮らしているのだ、と思ったら、それは正しくないだろう。そうではなく、スイス人の豊かさの秘密は、スイスが「共同体」の原理の中に生きている、という事実の中にこそあるのである。

我々日本人は、近代化を猛スピードで走ってきたが、ここで今一度立ち止まり、我々のあるべき姿を考え直してみるべきだろう。我々は何を求めていくのか。我々が生活するこの社会の仕組みはこれでいいのか。我々の考え方は近代の中に押しつぶされてはいないだろうか、と。

第二章「開放型」共同体

地理的、歴史的条件が生み出すスイスの開放性

さて、このように思わぬ共通性を持つスイスと日本だが、ここで一つ大きな違いを指摘したい。それは、移民に対する対応である。そして、ここにスイスを理解する大きな鍵が潜んでいる。スイスは「開かれた共同体」である。

同質の構成員が形成し、地理的に限られた範囲が一つのまとまりとなり、身近な問題を構成員が全員で合議により解決していく、そういう「共同体」にとり、本来、移民の流入はそぐわない。移民は「同質」でなく、「異質」の「外部」からの参入者に他ならない。

共同体が、閉ざされた空間の中で、構成員相互が緊密な関係を維持し、場合によっては他の構成員の生活に干渉することも厭わない、それにより集団としての一体性を保ち、共同体の存続を図ろうとする、ということは共同体として自然のことである。身近なことは共同体の構成員全員の合議で決す

る、それは、共同体の構成員のみがその問題を身近と考えるからであり、そこによそ者が介在する余地はない。よそ者にとり問題は身近でない。従って共同体は本来的によそ者を排除しようという意識が働く。共同体を閉じてその独自性を守ろうとするのである。

しかし、ここでスイスの地理的条件を思い起こしてみたい。スイスが急峻なアルプスの山々に閉じ込められているといっても、何はともあれ、そこはヨーロッパの中央である。南北の国々、東西の領邦が交易しようと思えばスイスを通らざるをえない。実際、古くより、交易のため、多くの商人がアルプスを越えてスイスを通り遠隔の品々をヨーロッパに運んだ。スイスは交通の要衝にある。

更に、もう一つ重要なのは、スイスが海により他と隔てられているのではないということである。スイスに隣接した国々はスイスと地続きである。海は古来、人を寄せ付けず、人は海を渡るのに大きなリスクを覚悟しなければならなかった。海はいわば城の堀であった。しかしスイスにそういう堀はない。そこでは、城は堀で守られることなく外に向かって開放されている。

しかも地続きでスイスに接するのはドイツ、フランス、イタリアというヨーロッパの大国である。これらは、いずれもヨーロッパの華々しい文明の中心をなした。ローマ文明、フランス文化については言うまでもない。ドイツは遅れて国家統一を遂げたが、多くの天才を輩出し、化学、医学、哲学、文学、音楽等の分野で世界を牽引した。

つまりスイスの周りにはそういう華々しい文明が光り輝いている。文明は当然のことながら高い技術を産み、特に近代化の過程にあっては科学技術が決定的な役割を果たした。

ここに、スイスは山々に閉ざされた共同体をその本質としつつも、それだけに終わらず、外との関係を濃密に持った共同体として発展する必然性がある。これを「開放型共同体」と呼ぼう。それはスイスが好むと好まざるとにかかわらず直面しなければならない地理的条件から来る必然性である。

歴史をひもとけば、スイス人が、いくら異質の者を排除しようとしても、移民や難民はスイスに押し寄せてきたのであり、他方、スイスの産業発展に欠くことのできない科学技術は、多くの場合、移民と共にスイスに流入したのである。スイスは、良くも悪くも外部世界との関係を濃厚に維持してきたのであり、閉鎖していては享受することができない恩恵に浴してきた。

そもそもスイスは、その成り立ちから外部との関係により規定されていた。原始スイスがまとまり、盟約を交わしたのは、ハプスブルクに抵抗してのことである。盟約の目的は、ハプスブルクから原始スイスの三州を守ることであった。

スイスが成立した後も、人と物の流入は盛んに続いた。

スイスに流入した金融資産が近代化に果たした役割

スイスが、人であれ、カネであれ、逃避先として果たしてきた役割は改めて言うまでもない。スイスの銀行が、外国人の資産を高い秘匿性の下、その口座に受け入れ、預金者側も銀行側も多大な利益を上げてきたことは余りに有名である。それが資産隠しか、あるいは、正当な投資であるかはさておき、スイスに集まった豊かな資本は、スイス産業の振興に大きな役割を果たした。スイスが長年にわたり戦争の災禍を免れたこと、及び、長年にわたりこの種の資本を蓄積してきたことが、今日のスイスの繁栄を築き上げたと言っても過言でない。

元々スイスにはカネがなかったのであり、スイス人は長く貧困にあえいでいた。山に閉ざされた村落に多くの収入源は期待しえない。スイス人は長く、牧畜と、細々とした内職で食いつないできた。その生活に唯一潤いを持たせたのが、古くからスイス人が生業としてきた傭兵である。幸いスイス人は、山岳民族であることもあり身体は頑強である。戦いに向いた強靱な意思と身体能力を持つ。スイス人は、ヨーロッパ王侯貴族の軍隊にとり垂涎の的だったのである。

その伝統は、今もバチカンの衛兵がスイス人であることからも分かる。また、ルツェルンの瀕死のライオン像は、フランス革命の際、一七九二年にルイ一六世やマリー・アントワネットを守り命を落としたスイス人傭兵を悼んで、デンマーク人が一八二一年に作ったものである。

戦争のない世界を目指して

刀水書房最新ベスト

〒101-0065 千代田区西神田2-4-1東方学会本館 tel 03-3261-6190 fax 03-3261-2234 tousuishobou@nifty.com（価格は税込）

刀水歴史全書103

古代ギリシア人の歴史

桜井万里子 著

古代ギリシア史研究の泰斗が描く，現代日本最先端の古代ギリシア史
ヨーロッパ文化の基盤古代ギリシアはいつ頃から始まったのか？ 新発掘の文書が語る［ポリスの誕生］とは？

四六上製 430頁 ￥4,400

刀水歴史全書104

古代ギリシアのいとなみ

都市国家の経済と暮らし

L.ミジョット著 佐藤 昇 訳

古代ギリシア都市（ポリス）の経済と暮らしを鮮やかに解き明かす一冊
大学生・一般の知的読者向けの手引書

四六上製 270頁 ￥3,520

石は叫ぶ

靖国反対から始まった
平和運動50年

キリスト者遺族の会 編

1969年6月靖国神社国家護持を求める靖国法案が国会に。神社への合祀を拒否して運動，廃案後平和運動へ。キリスト者遺族の会の記録

A5判 275頁 ￥2,750

オーストラリアの世論と社会

ドデジタル・ヒストリーで
紐解く公開集会の歴史

藤川隆男 著

「35年にわたる史料読み込み」と「ビック・データを利用した史料の定量分析」で，茫漠たるテーマ「世論」の客体化に見事成功

A5並製 280頁 ￥3,630

第二次世界大戦期東中欧の

強制移動のメカニズム

山本明代 著

連行・追放・逃亡・住民交換と生存への試み
なぜ生まれ育った国で生きる権利を奪われ国を追われたのか，これからの課題を探る

A5上製 430頁 ￥5,830

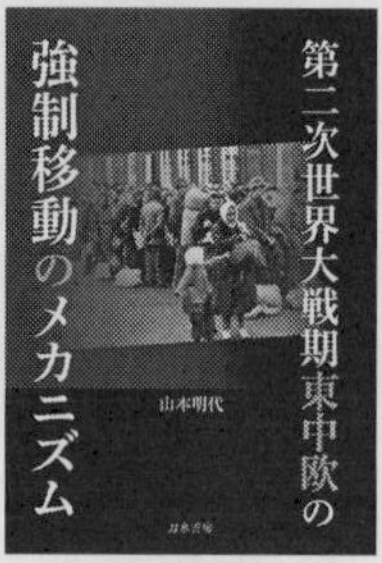

欧人異聞

樺山紘一 著

西洋史家で、ヨーロッパをこよなく愛し、歴史の中を豊かに生きる著者が贈るヨーロッパの偉人121人のエピソード。日本経済新聞文化欄の大好評連載コラムが刀水新書に！

新書判 256頁 ￥1,210

刀水歴史全書101

トルコの歴史〈上〉〈下〉

永田雄三 著

世界でも傑士のトルコ史研究者渾身の通史完成
一洋の東西が融合した文化複合世界の結実を果たしたトルコ。日本人がもつ西洋中心主義の世界史ひいては世界認識の歪みをその歴史から覆す

四六上製（上下巻）
〈上〉304頁 〈下〉336頁
各巻￥2,970

刀水歴史全書102

封建制の多面鏡

「封」と「家臣制」の結合

シュテフェン・パツォルト 著
／甚野尚志 訳

わが国ではまだ十分に知られていない欧米最新の封建制概念を理解する決定版

四六上製 200頁 ￥2,970

ルツェルンの瀕死のライオン像

実にスイスは「血で生活をまかなってきた」。その過程で、スイス人同士が戦い血を流すことも少なくなかった。当時のスイス人にとり、いくらカネのためとはいえ、遠くの王侯貴族の利益のために同胞が戦い血を流すことほどばかげたことはなかったであろう。何故、隣近所が敵味方に分かれ戦わなければならないのか。しかし、それでも、生活のためにはそうする以外になかった。

従って、スイスがそのままの状態であれば、スイスに産業が興る基盤は存在しない。近代化は、科学技術と共に蓄積された資本が生むのである。従って、金融を通し、スイスに流入した豊富な資金が産業の発展に寄与した役割は決定的であった。

移民、難民

しかし、スイスはカネに対し開かれていただけでない。より重要なのは、スイスが人に対し開かれていたという事実である。人は、古くからスイスを逃避先と位置づけた。

例えば、レーニンは一九一七年、ロシアで二月革命が起きた時、急いで故国に舞い戻ったが、それまで彼はスイスで亡命生活を送っていた。トーマス・マンは、ナチスが政権の座につくと共に身の危険を感じスイスに逃れ、後、アメリカに渡った

しかしスイスは、逃げ込む人をただ受け入れたわけではない。スイスは人と共に技術を受け入れたのである。スイスは逃亡する者に開かれていただけでなく、逃亡する者が持つ技術に対し開かれていた。スイスはただ逃亡者をかくまうだけでなく、逃げ込んだ者が有する技術を貪欲に吸収した。

ユグノーとスイス時計産業

その典型がユグノーである。

一六世紀から一七世紀にかけ、宗教戦争に明け暮れたヨーロッパでは、いずこも新教、旧教の対立で絶えることのない戦いが繰り広げられた。当時、フランスでも新教、旧教の対立は激しさを増し、ついに一六八五年、ナントの勅令が廃止されるに及び、新教徒（ユグノー）は難を逃れるべくスイス

等に逃避した。

ところが、このユグノーは手に職を持つ技術者たちだった。特にスイスに逃避したユグノーは、時計制作の技術を持つ者が多かった。折しも、スイスは冬の間、牧畜もままならず、家に籠もり内職に精を出すしかなかった。つまり、スイスには内職に従事する労働力が豊富にあった。

ここにユグノーの技術とスイスの労働力が結びつき時計産業が発展することになる。ユグノーはスイス西部に移り住んだが、それと共に、時計産業が西部のヌーシャテルに集積する。ヌーシャテルの時計は、更に、シャッフハウゼンに至るスイス西北部一帯に広がる。かくて時計は、スイスを代表する一大産業に成長していった。

スイス時計産業の試練

もう少し時計の話を続ける。

時計といえばスイスと言われるほどの成長を遂げたスイス時計であったが、その後の推移は必ずしも順風だったわけではない。とりわけ、一九六九年にセイコーが開発したクオーツ時計はスイス時計産業に壊滅的打撃を与えた。

このあたりの事情を、二〇〇五年、スイス時計協会会長は、往訪した筆者に次のように述べた。

日本が開発したクオーツ時計は正確で狂いがなく且つ安価だったので、スイスの機械式時計は太刀打ちできなかった。スイス時計産業は見る間に没落していった。これが一九七〇年代、八〇年代の状況である。スイスは窮地に追い込まれ、如何にして立ち直りを図るか、文字通りスイス時計産業の存亡をかけた時期であった。

スイスにとり、日本の後を追ってクオーツにシフトするとの考えもあった。しかし、結局スイスはその道をとらなかった。スイスが選んだのはあくまで機械式にこだわるという選択である。スイス職人の意地でもあった。

しかし、正確さと価格でクオーツには勝てない。では、如何にして機械式で巻き返しを図るか。

スイスは、富裕層に的を絞った。スイスは、時計は、時を知るためのものではない、と考えた。現在では、時間はスマホを見れば分かる。どうして時計に正確さが必要だろう。正確な時間が必要なのは勤労者層である。富裕層は、時間が不正確であることに頓着しない。

富裕層が求めるものは何だろう。それは、プレスティージである。腕に、ブランドの時計をはめる。それが、万人の羨望の的になる。腕につけた時計により、時計だけでなく、つける人までもがその価値を高める。スイスは、「時計は、腕にはめたもう一つの銀行口座である」と考える。銀行に何億円、腕に何千万円の資産を蓄える、それが世界の富裕層である。

アラブの王族は、自分だけの時計を作ってくれ、と言ってやってくる。値段はいくらでもいい。やがて、ロシアと中国の富裕層がこれに加わる。

スイスが、ブランドを回復したとき、スイス時計産業は生き返った。

現在、スイスが重視するマーケットは三つ。日本、イタリア、中国である。日本の消費者が納得すれば、品質が保証される。イタリア市場はセンスを磨く上で他の追随を許さない。中国は富裕層狙いである。


この発言の中のプレスティージという言葉は重要である。

日本企業は、プレスティージを重視しない。日本人が重視するのは何より技術であり、それに裏打ちされた品質である。品質が良ければ売れて当然、売れないのは品質が悪いから、と考えがちである。

この「品質至上主義」は、しかし、普遍的価値ではない。

つまり、世界には、品質や技術以外のものに価値を置く人々がいる。まさに、時計は不正確でいい、と考える人々である。

この種の人が価値を置くのは、見てくれである。人が社会の中でどう見られるか、それこそを至上とする。

考えてみれば、人がものを買い求めるのは、何も、そのものが持つ物質的価値を求めてのことだけではない。人は、車を、乗るためだけに買うのではない。車を他人に見せつけるためにも買う。

ここで、車は、空間を楽に移動するとの欲望を満足させる商品ではない。人から良く見られるとの欲望を満足させる商品である。ここでの価値は虚栄心である。虚栄心もまた立派な欲望である。否、虚栄心こそが、社会的存在としての人が求める最も強い欲望である。この「虚栄心至上主義」に対する評価が日本では弱い。

ドイツの経済分野で、最も権威があるとされるのが経済諮問委員会である。所謂、五賢人委員会であり、時の政権に絶大な影響力を持つ。その委員長のリュールップ氏が、かつて、筆者に語ったことがある。

ベンツやＢＭＷが成功したのはプレスティージ戦略をとったからだ。人はベンツやＢＭＷに乗り、その性能に満足するだけでない。むしろ人は、他人から注がれる視線に満足するのである。残念ながら、ヨーロッパではレクサスはそのようなものとはみなされていない。ヨーロッパ進出を考える企業は、このことを考えに入れる必要がある。

パテック・フィリップ、オーデマ・ピゲ、ヴァセロン・コンスタンチン等々、スイスを代表する時計は多い。いずれも世の人々の羨望の的である。つまり虚栄心を満足させる。但し、価格は驚くほど高い。

話を移民に戻す。

スイスは人口たかだか七〇〇万の山奥の小国である。七〇〇万人が珠玉の人材で揃うことがないとは言わないが、常識的には限られたパイの中に人材を探すより、パイを広げ、母集団を大きくした方が人材の輩出も容易である。

更に、同質の血を守り続けるより異質の血を混ぜる方が、より人材輩出の可能性が高まる。スイスがそれを意図したか否かは別として、スイスが、結果として母集団を大きくし、外の異質の血を混ぜ、豊かな人材を輩出してきたことは否定しがたい。

スイスは留学生や研究者に広く門戸を開放している。如何にして世界の英知を呼び寄せるか、それこそが将来のスイスの鍵である。スイスの風光明媚な環境、静かで研究に適した国土、豊かな生活レベルは、スイスが世界の英知を呼び集めるに際し有利な要素である。このあたりは、章を改め、追って述べる。

スイスの国際性

共同体は閉じたものであってはならない。閉じた共同体はやがて衰退していく。常に新しい血と刺激を注ぎ込み、不断の若返りを図らなければならない。スイス人は古くからの経験によりこれを学んだ。現代に於いて、この信念にはいささかの揺るぎもない。

ここに於いて、日本の共同体とスイスの共同体は異なる。

スイス人は国際色溢れた民族である。

スイス人にとり、国際結婚は取り立てて言うべき程のことではない。日本では、国際結婚は特別のこととする見方が今も根強いが、スイスでは、外国人の血が混じらない者を見つけることの方が難しい。家庭では、父がドイツ人、母がフランス人、自分の結婚相手はイタリア人ということもありふれた光景である。

スイス人の言語習得能力は驚くばかりである。

何せ、家庭で外国語が日常的に飛び交う。先の例で言えば、子なり孫なりが自らの言語として独、仏、伊の言語を自然に身につけたとして何の不思議もない。

かくて、スイスの商品表示は大変である。大小様々の商品の四面は様々な言語により記述された説明で埋め尽くされる。例えば日本でモンブラン万年筆を買うと、説明書にやたら多くの言語の記述があるのに目を引かれるが、スイスの全ての商品の表示があれである。

そもそも、スイスを代表するスイス連邦鉄道は、ドイツ語ではSchweitzerische Bundesbahnenといい略称SBBだが、フランス語、イタリア語ではそうでない。通常、スイスではドイツ語、フランス語、イタリア語の略称を全て併記し、SBB／CFF／FFSという長い略称が使われる。車体、駅、パンフレット等、全てがこの長い略称を使う。スイスの公用語が四つあることからしてこの表示は何ら不思議でないが（ここにはロマンシュ語の略称は入っていない）、仮に公用語が一つであったとしても、スイス鉄道の表示は一つではなかったであろう。

何といっても駅名が言語により異なるのである。ジュネーブ（フランス語）はゲンフ（ドイツ語）だし、フリブール（フランス語）はフライブルク（ドイツ語）、バーゼル（ドイツ語）はバール（フランス語）である。車内放送で流れる駅名が、自分が目指す駅の名前であるのか不安になることも少なくない。

州の名称ですら、ヌーシャテル州とノイエンブルク州、ティチーノ州とテッシン州、ヴァレー州とヴァリス州、ヴォー州とヴァートゥ州が、それぞれ同じ州を差していると理解するには多少の時間がいる。そもそもスイスという国名自体、シュヴァイツ（ドイツ語）、スイッス（フランス語）、ズヴィッツェラ（イタリア語）であり、切手には長すぎるので簡単にHelvetia（ラテン語）が使われる。

行政に於ける四つの公用語

こういう国の行政はどうなっているのであろう。

これは、スイスが国際性豊かであることの結果と言うより、むしろ四つの公用語を持つ国の結果として理解すべきことだが、ここでついでに述べておく。

スイスの連邦議会、行政府その他公の会議では、原則、出席者は四つの言語のいずれで発言しても良いとされる。つまり出席者は、自分の母語で発言していいが、他の出席者は、自分の母語でなくてもこの四言語による発言は理解しなければならない。確かに公用語が四つとは、そういうことを意味するのであろう。共通語を英語に定めた会社をみて「それは大変ですなあ」と、感想を漏らす日本人にとり、このことは想像を絶する。会議の発言であるから、そこで話されるレベルは日常会話を超えている。複雑で機微な内容を含む外国語による発言をきちんと理解しなければ会議が滞るのである。

求められるのはリスニングの力だけではない。例えば、行政府に投書が来る。行政府はそれに返事を出す義務があるが、ある行政府の人の話では、そういう場合、通常、差出人の言語に合わせ返書を出すのだそうだ。つまりドイツ語で書かれた投書にはドイツ語の返事が出される。それが、スイスという国を運営し、スイス人の、行政に対する信頼を繋ぎ止めていく重要なルールなのだそうだ。つまり、フランス語やイタリア語が母語の人でもドイツ語の作文能力が不可欠ということである。

スイスの役人の高い言語能力には驚かされるが、多くの言語を操るのは役人に限ったことではない。スイス人は誰もがいくつもの言葉を自由に話す。

このことは、スイスがそもそも異なった言語の人々からなる国であるということと、スイスに多くの外国人が流入し、スイス人がそれらの外国人と共に生活しなければならないという双方の事実から来ている。実際、スイスの全人口に占める外国人の割合は二割を超える。スイスはもとから多様性の際立った国だったが、外国人の流入によりますます多様になった。

スイスはこのように国際色豊かな国である。スイスで、様々な国の言語が飛び交うことは不思議でも何でもなく日常である。

スイスは、カネに対し開かれ、人や技術に対し開かれ、そして生きる姿勢に関し開かれている。スイス人は決して閉じていないのであり、あらゆる分野の富、人、技術、文明を貪欲に受け入れる。スイスは、自国だけで完結しない。国境を越えて、そこにあるものを我がものとする。スイス人にとり、国境は単なる人為的なしきりに過ぎない。その活動は容易に国境を越えるのであり、国境の向こうの人材、資産、技術は、また同時に、国境のこちら側の、スイスのものであると考えているかのようである。

この、共同体でありながら開放されているということ、「開放型共同体」であるということ、ここにこそスイスの特殊性があり、強さの秘密があり、後で述べるクオリティー・オブ・ライフの秘密がある。

閉鎖的共同体としての日本

日本は古来、知識や技術を外から導入してきた。古くは中国、朝鮮から渡来人と共にやって来たし、近代になってからは、明治期にヨーロッパから、戦後はアメリカから新たな考えが圧倒的な力を持って日本に押し寄せて来た。日本はそれを受容した。従って、この意味で、日本は開放的共同体との側面を持つ。

しかし、基本的に日本は閉鎖的共同体である。

それは、単に、移民の受入を制限し、留学生の数が少なく、外国語が不得手で外国に行けば日本人だけでかたまるからだけではない。否、近年、日本の対外活動は目覚ましく、企業は国境を越えて活動の幅を広げているし、外国人観光客は日本に魅了され来日者数はうなぎ登りである。

日本人が、閉鎖的なのは、ひとえに生きる姿勢の問題である。

日本人は、必要とあらば、外の知識や技術を吸収しようとはするが、自らの共同体の周りには強固な壁を築き、外部世界との間を遮断しようとする。共同体は守られなければならないのであり、外部のよそ者が侵入しその秩序を壊してはいけないのである。そういう強固な内部秩序が、未だこの国には健在である。

その結果、日本は全てがガラパゴスになる。ガラパゴスとは携帯電話に関し言われたことだが、実は携帯に限ったことではない。

日本経済は、市場がそこその規模にあり、企業は国内だけでも何とかやっていける。

他方、日本の消費者は独特の嗜好を持ち要求水準が高いため、これに応えるには高い技術力が必要である。企業は国内で生き残るだけでも大変であり、生き残りをかけ独自の仕様を開発し、同業他社との競争に打ち勝たなければならない。企業は、日本の中だけで、日本ならではの独自の進化を遂げるのである。

日本の全国紙発行部数は近年やや減少傾向にあるも、これまでほぼ『読売』一〇〇〇万部、『朝日』八〇〇万部で推移し、ヨーロッパから見れば驚くほどの規模を誇る。ちなみに、ヨーロッパは、『デーリー・テレグラフ』（英、約八五万部）、『フランクフルター・アルゲマイネ・ツアイトゥング』（独、約三五万部）といったところである。

新聞は、日本の読者向けに、災害情報から社会の隅の犯罪事件に至るまでの国内の出来事を丹念に追い記事にする。それは、ヨーロッパの一角にあり、ヨーロッパ中にアンテナを張り、ヨーロッパ各国の動向を注視するスイスの新聞、例えば、著名な『ノイエ・チュルチャー・ツァイトゥング』紙等とは自ずと報道姿勢を異にする。日本の新聞はどうしても国内に焦点を絞らざるをえない。目は自ずと内側を向いている。

しかし、日本がガラパゴスであるのは、経済に限ったことではない。根本は、人々が生活の姿勢に於いて内側を向いていることにある。つまりことは心理の問題である。人々は共同体を縛る論理に従順であり、それから逸脱する場合に受ける不利益に敏感である。人々は、共同体の良き構成員であろうとし、そうすることにより共同体の保護を受けることに利益を見いだす。

かくて、日本では、人々の生活は共同体の論理で規制され、共同体は現在に至るまで強固な組織として存続し続ける。この場合の共同体は閉じた共同体である。日本は閉鎖的共同体をその大きな特色とする。

本来、共同体とは旧態依然たるものである。共同体は、構成員に対し保護的であり、構成員の相互扶助のため構成員への縛をきつくする。共同体は、このような性質の共同体が存続していくために、構成員同士の結束を強化しようとするものであり、本来、よそ者の侵入には警戒的である。

従って、スイスが共同体でありながら国際色豊かであることの方が異色である。スイスは共同体の中に、「閉鎖」と「開放」の双方を併せ持ち、互いを微妙なバランスの中に保っている。矛盾を統合に止揚し、民族として見事な智恵を働かせている。我々はここでもまた、スイス人の知恵に驚かされるのである。

第三章　スイス経済に見る開放型共同体

1　スイス経済の特色

経済の三層構造

目をスイス経済に転じる。経済から開放型共同体を考えてみよう。そもそもスイス経済はいかなる特色を持つか。二点述べる。

まず、スイス経済が三層構造を持つことが重要である。

スイス経済の第一層には、スイスという国から完全に脱し、グローバル企業として力強い競争力を発揮する企業群がある。金融、製薬、食品などである。これらの企業には既にスイス企業の自覚はなく、スイスには本社や研究部門を残すだけである。これらの企業にとり、スイスは市場として小さすぎる。飛躍のためには国境の壁を乗り越え世界を相手にしなければならない。それは、傭兵時代からスイス人に染みついたスイス人古来のＤＮＡでもある。スイス人は国際色豊かといっても、この層の企業人にとり国際性とは取り立てて言うほどのものでもない。はなから土俵はスイスの外にあった。

第二層は、企業数の九九％以上を占める中小企業群である。この層は、従業員数でも全体の三分の二を占める。第一層の企業がグローバル化しているのに対し、これらはなお、スイス的色彩を濃厚に残す。企業規模は大きくなく、経営は家内工業的である。製品の輸出先は主としてドイツであり、従ってドイツとの経済関係が決定的に重要である。スイスフランは、かつてはドイツマルク、今はユーロと緊密な関係を維持しながら管理されているが、それはこの第二層の企業群の存在があるからである。

この層がスイス経済を支えている。

第三層は、国際競争力を失い、専ら政府の保護に頼って生きながらえているグループである。農業等、モビリティーのない土地に結びつけられている業種が多い。この層の人は従って保守的である。グローバルな競争から如何に自らを守りグローバルな影響をできるだけ受けないようにするかが重要である。こういう層はどの国にも存在する。そして、こういう層は、どこでもそうだが、一定の政治的影響力を持つ。

スイス政府の経済政策は、この異なった利害を持つ三層の企業群を視野に入れて進められる。

物価

三層構造のスイス経済は高物価体質である。

これは、スイスのクオリティー・オブ・ライフにとりマイナス要因である。スイスは後述の通り、クオリティー・オブ・ライフを追求し、それが故に世界中から人が集まるが、それにもかかわらず、我々が、もしスイスの生活に何か味気なさを感じ、無機質なものを感じるところがあるとすれば、それはこの高物価体質によるところが大きい。

ここにイギリスの『エコノミスト』誌が発表するビッグマック指数というのがある。マクドナルドのビッグマックは世界中で均一な品質を保証する。そうであれば、それがいくらで売られているかは、その国の物価水準を表すものだろう。『エコノミスト』誌はそう考えた。

このビッグマック指数で常にトップを争うのがスイスとノルウェーである。例えば、二〇一七年の発表によれば、日本ではビッグマックが三・二六ドル（約三七〇円）するのに対し、スイスは六・三五ドル（約七二〇円）、ノルウェーは五・六七ドル（約六四三円）し、それぞれランキング一位、二位である。実に、スイスは日本の倍の物価水準である。

スイスで生活するとこの物価高を直に経験する。国境を越えドイツで買えば安くつくものが、スイスで買えば二、三割、割高になる。国境付近に住む人は頻繁に国境を越え買い物しているようだが、国境から遠ければそうもいかない。結局、スイス居住者は、高物価に悲鳴を上げながら毎日を過ごさざるをえない。

生活感覚としては、特に、人手が絡んだものが割高である。その結果、スイスでは、何事も自分の手でやることが主流である。

例えば、プール掃除を業者に頼むと法外な値段を要求されるので、休日にプールの中に入り自分で掃除する。水質管理も自分でする。庭の芝刈りも、壁のペンキ塗りも、更には、家具の組立て、運搬も自分で行う。

スイスでは、家具は組み立て済みのものが売られるのではなく、部品を買って自分で組み立てるのが流行である。人々はそうやって人件費を浮かす。

筆者も、大ぶりの机を買ったとき、自分で運び自分で組み立てたが、日本で経験したことがない作業で、ネジは曲がり、先端が机の脚からはみ出し、大変な思いをして完成させた。できあがってつくづく思ったのは、スイスの生活は楽しくない、ということであった。スイスは不便である。

人は、外からスイス居住者を見ると羨ましく思う。美しい自然に囲まれ、のどかで牧歌的、安全で静謐。こんないいところはないと思うが、中に住む者は別の思いである。有り余る資産を持つ者は別であろう。なけなしのカネを懐に忍ばせスイスに渡った者は、よほど気をつけないと、あっという間にカネが底をつく。それに気づいて慌てて生活を切り詰めるのである。しかし、生活にゆとりがなくなると楽しさも半減である。南アフリカには買うものがなかった、スイスには買いたいものは何でもあるが高くて手が出ない、とは、筆者が同僚によくこぼした愚痴である。

人件費節約によるサービスの低下

スイスでは、売る方も、人件費を如何に節約するかに腐心する。その結果、サービスが低下せざるをえない。

これはスイスに限らない、ヨーロッパ全般に言えることである。人件費を切り詰める結果、ヨーロッパのサービスの質はお世辞にも高いとは言えない。要するに、本来、いなければならないサービス要員が経費節約の結果いないのである。サービスが低下して当然である。

例えば、マーケットではレジ要員は必要最小限しかいないが、その結果、レジの前に人が長蛇の列をなす。レジ打ちの人は決まっていすに座り、長々と並んだ人の列には頓着しないかのように悠然とレジを打つ。

レストランでは、ウエートレスの数を極端に減らすので働く人は大忙しである。見ていて気の毒なくらい、走り回るようにしてテーブルを回る。それでも客の数に対しサービスする側の数が絶対的に少ないから、客は食事が出てくるまで長い間待たされる。ヨーロッパで注文した食事が待たずに出てくることを期待すれば失望するだろう。

客は色々自衛手段を考える。メインを注文すると同時に勘定を頼む。食事が終わっておもむろに勘定を頼むと、更に一五分は待たされるからである。下手すると食事が終わるまで何時間もかかるのでうまくやることは必須である。さすがに高級レストランはまだましだが、所謂、町中の一般のレストランはおしなべてこういった具合である。

日本のサービス

こういうヨーロッパ感覚からすると、日本は贅沢である。贅沢すぎて首をかしげることもしばしばである。

例えば、工事中の道路で人が立って歩行者を誘導する。交通量が多いところはいざ知らず、誘導要員がいなくても何ら問題ないところで、人がただ旗を振っているのを見るとき、日本はなんて人件費に頓着しない国か、とヨーロッパ人は思うに違いない。当然、人件費は消費者に転嫁されている。

あるいは、銀行に行くと番号札の発券機の前に人が立って案内している。あれを見て、ヨーロッパ人は苦笑せざるをえない。客が発券機のボタンを自分で押せないと思っているのだろうか、というわけである。

他方、レジ打ち要員に話を戻せば、コンビニで、普段は商品の陳列等にあたり、客がレジで列を作り出したら直ちにレジ打ちの応援に入るという、あのシステムはヨーロッパ人にとり驚きである。あういうシステムをとる店は、ヨーロッパには少なくとも二〇〇〇年代半ばには一店もなかった。恐らく今もないだろう。

スーパーで、レジの人が袋を渡すとき、客が品物を入れやすいよう袋の口を開いて渡す店がある。あれを見ると、ヨーロッパ人は驚愕する。そういう心遣いができるレジ要員をヨーロッパに連れて帰りたい。日本人の労働の質はこんなにも高いのか、と言う。

ヨーロッパ人は、日本のデパートの包装技術にも舌を巻く。確かにあれだけきれいに品物を包める国はそう多くない。

あるドイツ人ジャーナリストは、日本に来て、宅配便の時間指定に驚いた、と言う。確かに、ドイツにせよスイスにせよ、旅行者は大きなバックを引きずり這々の体で列車に乗り込む。配達料は高いし、時間指定など日本以外では思いつきもしない、と、このジャーナリストは言う。

そういう質の高いサービスが日本にはある。ヨーロッパにはサービスがない、とは現地駐在員仲間がよく口にすることである。規制に守られ、低い生産性に甘んじるサービスセクターがあることは事実だが、他方で、こういう質の高いサービスが日本にあるということは、正しく認識されるべきである。

人件費の問題は、スイスのクオリティー・オブ・ライフのレベルを引き下げざるをえない。何でも自分の手でやることに喜びを見いだしてこそ生活のレベルが上がるのだ、と割り切るにはまだ相当の修行がいる。

2　スイスの人材育成

さて、人口七〇〇万人の小国がこれだけ高い競争力を有することは日本として垂涎の的である。それが可能であるならば、人口縮小は悪いことではないかもしれない。小ぶりの人口の下で、一人当たりGDPを増やし豊かになる道があるのではないか。

日本とスイスとではそもそも人口規模が異なることは事実である。しかし、日本がいずれにせよ人口減少が避けられず、近い将来大幅な経済成長も見込めないとすれば、スイスの秘密をこそ探求すべきでないのか。そこにこそクオリティー・オブ・ライフの秘密が隠されているのではないか。

スイス経済成功の鍵は人材育成にある。

そもそも少ない人口で高い生産を挙げるとすれば、一人当たりの生産性を上げるしかない。小粒でもピリっと辛い国民を如何に育成するか、それにより集団としての知的能力を如何に上げていくか。最早ＧＤＰの拡大を追い求める時代は終わった。人は必要なモノは一通り手に入れたのであり、ちょっと目先を変えただけの、特段必要性が高いとも思われないものを企業の宣伝に踊らされて追加購入することに意味があるとは思われない。

ＧＤＰの拡大はモノが不足していた時代の目標である。今の時代は、如何に高い付加価値のものを作っていくか、そのための高い知能を有した人材を如何に育て上げていくかなのである。

日本は明治以来大量生産に適した人材育成を行ってきた。それは初等中等教育重視の、横並びを価値とする教育であった。しかしこれでは最早競争を勝ち抜くことはできない。如何に、新たな付加価値を見つけるかに目標があるとすれば、人材育成は高等教育重視の、個性に価値を置いたものでなければならない。つまり、中レベルの平均的人材ではなく、高レベルの個性溢れる人材の育成である。

スイスが重視するのは、まさにそういった高い知能を持った人材の育成である。小さい規模の人口で、しかし、高い知能を持つ人材があれば高付加価値製品を生み出すことも可能である。そこにこそ、これからの競争を生き抜く鍵がある、スイスはそう考えている。

では、どのようにして「小粒で、しかし、ピリっと辛い」人材を育成するか。

スイスに学ぶべきは、開かれた教育制度と教育制度に於ける職業訓練の位置づけであろう。これは、開放型共同体の「開放型」と「共同体」のそれぞれに対応すると言っていいかもしれない。

スイスの人材育成——開かれた教育制度

教育制度が開かれていることは、スイスが「開放型」共同体であることの例証である。

スイスの発展は、異なる構成員を共同体の中に取り入れることにより実現した。既に述べたとおり、閉鎖的共同体に異なった血を取り込むことこそがスイス発展の鍵であった。スイスは多くの移民が持ち込んだ技能、知識を自らのものとしてその発展を築いてきたのであり、仮にこれが閉じたままであったとすれば、人口七〇〇万人の小国がここまで発展することはなかった。

スイスには二つの国立大学が存在する。チューリッヒ工科大学とローザンヌ工科大学である。いずれもヨーロッパの最高水準を誇る大学で、チューリッヒの方は、その昔、アインシュタインが教鞭を執ったところとしても有名である。

国立大学が二つとも工科大学であることは驚くが、これはチューリッヒ工科大学に関しては、そもそもの設立経緯が、ゴッタルドトンネル建設に際してのエンジニア育成にあったことによるものであり、いずれにせよスイスが高いエンジニア能力を必要としていたことによるものである。

チューリッヒ工科大学は、学部学生の一九％が留学生である。博士課程では七一％に上る。また、教官の六六％は外国人である。つまり、スイスの大学は、スイス人のためのものというより、外国人を呼び込むためのものと言った方がいいかもしれない。つまりここでは、スイス人という、閉じたパイを教育するとの考えがない。それが閉じたパイであれば、七〇〇万人の人口である以上、いくら高等教育に力を入れ優秀な能力を持った人材を育て上げるといっても限度がある。スイスは、既に、スイス人を教育して知的レベルを上げるとの考えを放棄している。

スイスが目指すは大学のウインブルドン化である。学生であれ教師であれ広く門戸を外に開放し、大学という場を提供して、高いレベルの教育、研究を行ってもらう、その際、育成される人材、研究する人材がスイス国籍である必要はなく、従って、教育課程を修了した学生がスイスを離れ、あるいは、研究者が将来スイスにとどまることがなくても構わない、との姿勢である。これにより、広く外から人材が集まり、強い競争原理が働くのであれば大学のレベルは否が応にも上がっていく。閉じた人口七〇〇万人のみを対象とした大学がこれに及ぶわけがない。

問題は、ウインブルドン化した大学がスイスの利益になるか、ということであろう。いくら大学のレベルが上がったとしても、ただの場所貸しであればスイスにメリットはない。

実は、外国人教師の多くが、スイスの魅力に惹かれてやって来てそのままここに止まり続け、また、留学生の多くが、卒業後スイスを離れることなく、スイスで就職先を見つけるというところがミソなのである。スイスの安定した政治、経済、更には、魅力溢れる居住環境、高いクオリティー・オブ・ライフは、留学生や外国人教師を引きつけてやまないが、一度その魅力に取りつかれた者は最早そこから抜け出ようとはしない。

実際、スイスの医療現場を見てみれば、そこにはドイツから来た者が開業している例を多く見ることができる。その中にはスイスの大学を卒業した者やスイスの大学で教鞭を執っていた者も少なくない。

さて、日本には、仮に大学の門戸を開放した場合、外国人教師や留学生を引きつける魅力があるであろうか。仮に留学生がやってきたとして、彼らは卒業後、日本に止まり日本の発展に貢献するであろうか。

日本の進学率は高い。少子化にあるとしても、日本人学生を押しのけて外国人留学生が何割も占めるような事態を日本人は許容するだろうか。

そもそも、言語や単位の問題を考えれば、日本に来る留学生数は自ずと限られるとの事情もある。そういう問題はあるとしても、閉じた大学から開かれた大学に転換することが、方向性として国民の知的レベルを上げ、縮小する人口が高い生産性を生む一つの重要な要素になることは疑いない。

スイスの人材育成―教育制度に於ける職業訓練の位置づけ

スイスにおける職業訓練は、人材育成に於けるもう一つの重要な要素である。

周知の通り、スイスの教育制度はドイツと同じく、生徒が低い年齢の時に将来の決定を迫るものである。生徒はその段階で、将来、大学進学を志望するか、あるいは、職業訓練に進み専門技術を磨くことを望むか、一生の決定を迫られる。

大学進学組は、中等教育終了後ギムナジウム等の普通高校に進み、首尾良くマトゥーラを取得すれば大学進学が認められる。スイスでもドイツでも、日本と違い大学進学者は限られる。スイスの大学進学者は三割に過ぎない。誰でもが進学するわけではなく、大学卒業者はエリートと位置づけられるのである。

これに対し普通高校に進まず、職業訓練を志望したものは、落ちこぼれとの位置づけが世間でなされることがある。しかし、これは誤解を招く。それは専門技術を身につけた技術者（つまり職人）の社会に於ける位置づけを正しく理解しないことから生じる。スイスでもドイツでも、この職人階級に対する社会の位置づけはすこぶる高い。それに応じて職人たちもプライドを持っているのであり、大学卒に対し自らを低く位置づけることはない。

そこには、誰にもまねのできない高い専門的技術を身につけたとの誇りがある。日本の職人も同じであろう。スイスの場合、なまじ一五歳の段階で将来が選別され、大学に進学しないものが職業訓練に進むため、こういう誤解が生じるのである。

職業訓練を志望したものは、中等教育終了後三年間の職業高校に進むが、学校の授業は週一、二日に過ぎず、後は協力企業での実習に当てられる。職人の技術は実際にやってみて覚える、技術は、教える側と教えられる側との全人格的ふれあいによってこそ身につくものだ、との考えである。

生徒は、実習を受けた企業に就職する義務はなく、企業側も雇用の義務はないが、職業高校の卒業生は、実際には一〇〇%の就職率である。実習により身につけた技術が企業で高く評価されるからである。職業訓練制度は、スイス企業の九九%を構成する第二層企業群の存在と密接に関連する。つまり、職業訓練制度と、それが生み出す職人の高い誇りが今日のスイス経済を支えていると言っても過言でない。

実際の現場を見てみよう。筆者は過日、リュージュ社（ヴォー州）とヴィクトリノックス社（シュヴィーツ州）を視察する機会があった。いずれも世界に知られたブランドである。

リュージュ社

リュージュはオルゴール業界で知らないものはない。その精巧の極地を集めたオルゴールが紡ぎ出す音色は他に類を見ない。価格もそれ相応であるが、音色を聞くとさもありなんと思う。

しかし、実際に制作の現場に行ってみると、それは、そこらにある村の工場といった風情である。中で働く職人は一〇〇人に満たないのではないか、との印象であった。世にとどろくリュージュ社のオルゴールが、かくも限られた人数で制作されている。

それだけに、ここの職人のプライドは高い。それぞれの職人の手とその感覚が命である。音を聞き分け、微細な音色の違いに応じて音を調整し微妙なハーモニーを構成していく技は熟練そのものである。

スイスの人の指はお世辞にも華奢ではない。そのゴツゴツした指のどこから、これだけ精巧な作りが生み出されるのか不思議ではある。スイスの有名時計メーカー、ヴァチェロン・コンスタンチンを訪れたときも同じ印象であったが、スイス人は傭兵こそ似合え、オルゴール作りや時計作りに向いた手先を持つようには見えない。

しかし、その外見に似つかわしくない繊細さがここの職人の指先にはある。職人はそれが誇りである。筆者が訪ねたとき、職人は、当方の質問に気さくに応じつつ、自分が作った所謂仕掛けオルゴールを見せ徒っぽくニヤリと笑って見せた。職人の気概を見たようであった。

ヴィクトリノックス社

ヴィクトリノックスはアーミーナイフで名高いが、それ以外にもリュック、旅行鞄等を手がけるスイスの高級品メーカーである。そのヴィクトリノックスにして、印象は家内工業そのものであった。シュヴィーツ州の本社は、ひっそりと佇み、小ぶりで、従業員数も限られた普通の町工場であった。応対に出た幹部は控えめで、強調していたのは常に技術を錬磨すること、世界の需要の変化を適格につかむことであった。要するに名の知れた企業という横柄さが全く見られない、堅実そのものの会社である。

アーミーナイフの切れ味は鋭く、いかにもスイス企業といった感じの重厚さがある。しかし、その切れ味を磨くため切磋琢磨が欠かせないとするその口調は、職人気質以外の何者でもなく、その真摯な姿勢が伝わってくるようであった。

説明によると、従業員は、昔から代々ここで働いている人が多く、会社とは互いに運命共同体を形作っている。会社も、従業員の事情に合わせ、柔軟に雇用形態を考えている。例えば、従業員の都合により、昼休みを長くとり子供を学校に迎えに行くことを認めたり、子供が病気したときは代わりの者を手当てし、十分看病できるようにしたりする等、会社と従業員との間には通常の雇用関係を超えたものがある。

スイス古来の家内工業の伝統が今に至るまで生きているかのようであり、冬場の内職として、スイス人が時計作りに精を出していたあの姿を彷彿とさせる。

雇用者と従業員とは、単なる雇用契約で結ばれているのではない。もっと強固な、長年にわたる関係がそこにはある。従業員は、ここ何年かの勤務ではなく、代々、この工場で働いているのである。会社は、親から祖父の代に至るまで、その従業員のことを知り尽くしている。従業員の家族関係、生活状況、家庭の事情等の全てがここの雇用関係には含まれている。

こういう雇用関係は、この種の会社の場合、重要であろう。一人一人の職人の技こそが会社の命運を決める。従って、会社はその技を習得させるため、従業員が若いときから育てていく必要があり、また会社との間に長年にわたる関係を築いておくことが肝要である。そういう信頼関係こそが、ナイフや旅行鞄という、品質が全てを決める製品の場合圧倒的に重要である。そして、そういう信頼関係の形成にとり、共同体的な雇用者と従業員との関係こそが重要なのである。

このあたりの事情は日本の町工場と変わらない。違いは、職業訓練が教育制度にきちんと組み込まれているという点である。そして、職業訓練が教育の制度の中に組み込まれているのは、スイスが基本的に共同体的体質であることと密接に関連する。

テーラー主義と対極にあるスイスのモノ造り

二〇世紀、テーラー主義が世界を席巻し、生産をオートメーション化し大量生産することが時流となった。

テーラー主義とは、フレデリック・テーラーにより提唱された生産方式で、生産プロセスを可能な限り細分化し、規格化して生産効率を上げようとするものである。ベルトコンベアーに部品を載せ大量生産を行うフォード方式は、正確には異なるのだが、一般にはテーラー主義を体現したものとされる。

テーラー主義の根底には、個々の労働者から、所謂、人間くささを抜き取る思想がある。労働者と雇用者との家族的関係のようなものはここでは排除され、労働者は効率の最大化をもたらすために単純作業を繰り返し行う、いわば生産に於ける「部品」とされる。

これは上記に見るスイス企業の在り方と根本のところで異なる。スイスでは、職業訓練が教育制度に組み込まれ、労働者は職人としての気概を持った専門家として育てられる。労働者は、没個性的な単純作業に従事する管理の対象ではない。使用者と労働者の関係は信頼関係に裏打ちされ、より濃密であり、家族的、運命共同体的ですらある。

スイスにとり、テーラー主義は生産方式の対極にある。

スイスでも、大規模工場では、労働者が没個性的に考えられるところもあろうが、企業数の九割を占める中小規模工場では、雇用者と労働者の濃密な関係が存在している。そういうところに実はスイスの比較優位がある。

スイスのような、中小規模の企業を主体とし、労働者と雇用者とが家族的関係で結びつき、個々の労働者が高い職人としてのプライドを持つところでは、個性的な、精密なつくりの、職人の勘を利用するモノ造りの方法が適している。時計にせよ、オルゴールにせよ、あるいはヴィクトリノックスのようなナイフや鞄にせよ、全てその種の製品に他ならない。

スイスでは、オートメーションの大量生産は向かない。タービンやエレベーター等の機器ですらスイスでは高付加価値製品として製造されるのである。このようなスイスのモノ造りの気風は、スイスの共同体的体質と深い関係にある。労働者と雇用者との濃密な関係は共同体の中で容易に育まれる。逆に言えば、そういう関係が既にあるスイスだからこそ、この種の、個性的で精密志向、職人志向のモノ造りが行われていると言えよう。

企業家精神

もう一つ、スイス人の企業家精神についてふれておく。

資本主義の根幹は、破壊と創造に果敢に取り組む企業家の気概にある。古いものに果敢に挑みこれを壊し新しいものの創造に取り組む革新の気風でありイノベーションである。資本主義はこの企業家の気概により発展を遂げてきた。

そういう気概の原型のようなものがスイスにはある。その元をたどれば、近代化の夜明けの時、無数に輩出したスイス企業人に行き着く。

一体、そういう気風をスイス人はどう身につけたのか。移民の流入が刺激になったことは疑いない。技術を持った移民は、スイスでその技術を花開かせようとの夢を持っていた。その気風がスイス人に刺激となり、スイス全体に企業家精神が溢れるようになった。

もう一つ、スイス人自身にも旺盛な企業家精神が備わる。それがどこから来たか判然としないが、厳しい自然環境と長い経済的苦難が企業家精神の気風を植え付けたと言っていいかもしれない。逆に言えば、そういう気風なくしてスイス人は生き残れなかった。ヨーロッパに近代化の嵐が吹き荒れた時、スイス人はこれを奇貨とし、持ち前の不屈の精神を花開かせたのである。つまり、スイス人の企業家精神もスイスの開放型共同体的性質と密接に関連する。移民の流入と共同体の中で育まれた生き様こそがスイス人の企業家精神を形作った。

鉄道、観光、食品、発電等、いずれも不利な条件を跳ね返し、時流を適格につかみ取って大きな飛躍を遂げたスイス人の近代化の軌跡がそこにある。

鉄道

スイスは豊かな自然に恵まれている。しかしそれは長く、人を寄せつけない急峻な山々であった。それはスイス人の活動にとり制約でこそあれ恩恵ではなかった。スイス人が自然を恩恵と考えるようになったのは、人間が自然をコントロールできるようになってからである。近代化はそのコントロールの力をスイス人に与えた。

スイスの鉄道網は他のヨーロッパ諸国に比べ敷設が遅れた。他の国で鉄道が発達してなお暫くの間、スイスでは主要輸送機関が郵便馬車である時代が続いた。しかしいつまでも馬車だけというわけにはいかない。やがて北部鉄道会社が設立され、その下で一八四七年、チューリッヒ・バーデン間に初めて鉄道が敷設された。

その後、全国規模で鉄道網整備が進められ、近代化の過程でスイスが飛躍していく地盤を作った。ヨーロッパの市場を存分に活用するには、ヨーロッパ全域に張り巡らされた鉄道網が必要である。スイスはその鉄道網に組み入れられていなければならない。あたかも、人の血液が、血管を通して体中に運ばれて初めて人の活動が可能となるように、迅速な物流を生む鉄道網あってこそ近代化が可能になる。

この鉄道網整備に偉大な足跡を残した者こそアルフレッド・エッシャーに他ならない。スイスの近代化はエッシャーの働きの上に開花した。しかし、ここでエッシャーが近代化の地盤を築いたと言ったのは、単に彼が鉄道網の整備に貢献したからだけではない。エッシャーは、およそ国が近代化を進めるにあたり必要とされる、いわゆる社会インフラの整備に大きな足跡を残した。エッシャーがスイス近代化の地盤を築いたとはそういう意味である。その人物は、チューリッヒ中央駅前の銅像となり、今日もスイスの発展を見守っている。

アルフレッド・エッシャー

エッシャーはこの時期のスイスを語るときに避けて通ることのできない、まさにスイス人の企業家精神を体現した人物である。

一八一九年チューリッヒ大学教授を経て、一八四八年、政界に転じたエッシャーは、その後、連邦議会議長、チューリッヒ州知事、チューリッヒ工科大学学長、北部鉄道会社社長を務め、また、スイス・クレジット銀行を設立する等、経済界、政界、学界、金融界の多岐にわたり目覚ましい足跡を残した。文字通り近代化の夜明けにさしかかったスイスにおいてその時代精神を体現したと言っていい人物である。

アルフレッド・エッシャー像　チューリッヒ中央駅前
2018年6月大西由美子撮影

　しかし、新たに足跡を残そうとする者の前には常に苦難が待ち受ける。エッシャーの場合、その最たるものがサンゴタール・トンネルのプロジェクトだった。

　スイスに平地は殆どない。ここに鉄道を敷設しようとすれば、トンネルの掘削は不可避である。中でもこのスイス・イタリア間にそびえるアルプスを刳り抜きトンネルを通すことは難業の最たるものといってよかった。エッシャーはそれに挑んだ。案の定、事業は苦難の連続だった。さしもの屈強な肉体を誇るスイス人も、アルプスを刳り貫くときに次々と襲ってくる難題を前に幾たびも予定を変えなければならなかった。当初の計画は大幅に遅れ、ついに一〇年に及ぶ難工事となった。一〇年が経ち、最後のダイナマイトが頑強な岩盤を刳り貫き向こう側の光がトンネルの中に差し込んだとき、工事を主導したエッシャーは既に虫の息だった。エッシャーが息を引き取ったのはそれからすぐである。

鉄道網はその後順調に整備が進み、一八七一年、フィッツナウ・リギクルム間にヨーロッパ初の登山鉄道が開通、更にその後、一八九〇年、ラウターブルンネン・グリンデルバルト間が結ばれ、スイスの山は一部の登山家だけのものから解放されていく。

中でも、一九一二年のユングフラウ・ヨッホ山頂への登山鉄道開設は圧巻であった。この鉄道のお蔭で、現在も、インターラーケンで乗車した普段着姿の観光客がものの三〇分もたたないうちにアルプス最高峰を制覇する。

最終のユングフラウ・ヨッホ駅で電車を降りた観光客を待っているのは、眼下にそびえるユングフラウにアイガー、メンヒである。足下に今自分が踏みしめているのは、ユングフラウを覆う雪である。観光客はその雄大な自然の景観に圧倒されるが、同時に、近代化の力を肌身に感じないわけにはいかない。

深い谷底の上に鉄橋が架けられ、観光客は目もくらむ谷底を眼下に鉄橋を渡る。鉄道が走らないところはロープウエーが架けられ、湖には遊覧船が就航する。人跡未踏のスイスの自然はここに人の手により征服されたのである。

観　光

近代化の黎明期、イギリス人はその自然を愛好する性癖と冒険を好む傾向とから各地の探検に向かった。スイスの急峻な山々もまたその対象となったが、スイス人はこういう動きを機敏に察知した。ツークのある旅館の話はそのあたりの状況をうまく描写している（ロレンス・ストゥッキ著「スイスの知恵――経済王国成功のひみつ」）。

当時、イギリス人は、スイスの夏山には来ても冬山に足を踏み入れることはなかった。スイスの旅館の主はそういうイギリス人の客に、冬のスイスの天気の素晴らしさを説いた。

ヨーロッパは南欧を除き、どこも冬は憂鬱である。一一月ともなれば、暗雲が立ちこめ太陽が姿を消す。春が訪れるまでの長い間、ヨーロッパは太陽の姿を見ることがない。ところがスイスは冬でも太陽が照っていますよ、と、この旅館の亭主は客に言った。旅館は山頂近くにある。眼下に雲をたたえ太陽の光は一年中旅館に降り注いでいた。亭主は続けて言う。是非、また冬にいらっしゃい、太陽が照っていなければ宿代は頂かなくて結構です。イギリス人は半信半疑のまま冬にやって来た。そこは夏を思わせるような、太陽が燦々と降り注ぐ世界であった。客はイギリスに帰り友人にこの話をする。それからというもの、スイスの旅館は冬になっても客足が途絶えることがなかった、というのである。

スイス産業の歴史は、知恵と工夫で逆境をチャンスに変えていく歴史である。スイス人はしたたかであり、打たれ強く粘り強い。そこには、運命を切り開かんとする強い意志がある、さもありなん、天はスイスに何も与えなかった。雪に閉ざされる冬、耕すことのできない土地、峻険な地形、行き来もままならない村落、石油も石炭も産出しない土地。

近代化の波が訪れるまで、スイスは山奥の片田舎に過ぎなかった。頼るのは唯一人材であり、スイス人の打たれ強さ、粘り強さと創意工夫の豊かさのみがスイスの資源であった。

スイスの美しい自然も近代化が訪れるまでは宝の持ち腐れである。近代化が始まり、産業の振興が広く富を一般大衆に行き渡らせた。近代化とは、サプライサイドの革新であると同時に、新たな消費者層の創出であった。機械を使って大量に造る商品は、富がいきわたり、そこそこ裕福になった消費者の存在があって初めて産業として成り立つ。ここに、生産と消費の好循環が生まれる。スイスの観光業もこの好循環の中にあってこそ発展した。

夏、人々はハイキングを楽しみ、登山電車に乗り夏山の景色を満喫する。冬はスキーである。ウインタースポーツのため近代産業が動員された。安全なスキー、リフトやゴンドラ、雪かきのための除雪車。人を寄せ付けなかった冬山はスポーツのメッカに変貌していった。

遠来の観光客を呼び込むために宿泊施設の整備は欠かせない。スイス人は、ホテル業にも優れた才能を発揮した。

セザール・リッツ

パリに有名なリッツ・ホテルがある。創業者セザール・リッツはスイス人である。山奥の片田舎に住み、傭兵として生業を立てていたスイス人が、接客業にも秀でていたことは驚きである。

しかしそう考えるのは、スイス人の何たるかを理解していない。客はスイスにやってきて豪華絢爛な宿泊施設に泊まろうとは思わない。素朴で純真な、宿の亭主の、心のこもった家庭的なもてなしこそを求めるのである。スイス人はそういう接客をする天賦の才を持っていた。セザール・リッツはそういうスイス人の一人である。

カネもないコネもないリッツ少年は、若き頃、無能の烙印を押され、解雇に次ぐ解雇の末ヨーロッパを放浪した。しかし流浪の旅は、リッツ少年に苦難だけを与えたのではなかった。リッツは、この苦難の中から何かをつかみ取っていく。それは、接客業にとり欠くことのできない、人情の機微を理解する技と人の心をわしづかみにする術であった。

接客業はサービスである。ボーイが運ぶのは食事でなくサービスである。サービスの最も重要な要素は、客の自尊心を満足させることである。要するに、あなたこそ最も大切なお客様です、と客に思わせることである。食べ物の味はシェフが決める。ボーイは客の自尊心をくすぐる。リッツは、長い流浪の中でこのあたりの機微を会得した。逆境はチャンスになる。初めからチャンスに恵まれた者には、サービスが自尊心をくすぐることだということが分からない。逆境こそがリッツの学校であった。リッツもまた生粋のスイス人である。

リッツは、客に食事を運ぶ時、そこに無限のチャンスが眠っていることを見逃さなかった。客が何を好み、如何なる嗜好を持ち、何をしてもらいたがっているか。せっかちか、虚栄心に満ちているか、野心家か、純粋なグルメか。リッツはその一つ一つを詳細に手帳に書き留める。その手帳は、客が次に訪れた時、リッツの名声を高める魔法の杖に変わる。客は驚く。単なる若造と思っていたこのボーイが、自分のことを何でも知っている、もしかしたら自分は、このレストランで特別な存在なのではないか。このレストランで自分は最も重要な客なのではないか。客は、食べ物の味もさることながら、この接客に満足する。こんな居心地のいいレストランはない。客にとってもまた、このレストランが特別な存在になっていく。

人は、モノに満足するだけでない。否、人が最も求めるのは、自らの存在の認知である。この単純だが、人という存在の根幹にある機微を言い当てたヘーゲルの真理をリッツ少年は放浪の果てに摑み取った。リッツのサービスの技は成長するに従い洗練の度合いを増していく。やがて、その誠意をこめた接客が、ヨーロッパの著名人の目に留まる。

ヴィクトリア女王治世の下、長く皇太子の地位にあった、後のエドワード七世はヨーロッパ各地を歩き王室外交を繰り広げていた。

リッツが接客を務めるホテルに宿泊した皇太子エドワードは早速彼に目を留めた。そして言う、「汝はホテル経営者の王である」。リッツは、パリにリッツ・ホテル、ロンドンにカールトン・ホテルをそれぞれ創業、ヨーロッパ最高のホテル経営者の名をほしいままにしていく。

スイス人の優れた接客能力は今も健在である。世に名高いスイス・ホテル・マネージメント・スクール（ＳＨＭＳ）は、世界のホテル業を志す者にその技を伝授する。

スイス人の素朴さ、誠実さが、スイス観光業の成功に寄与したことは疑いない。国際性豊かで、いくつもの言語を操り、異なった考えの中に身を置くことに慣れていることも重要だったろう。しかし何より重要なのは、近代化により生活の糧を得ようという強い意志力であった。

天はスイスに自然という恵みを与えた。しかし、それを天の恵みから現実の生活の糧に変えたのはスイス人の創意工夫と強い意志力だったのである。

食　品――ネスレ

世界に冠たるネスレもスイスの会社である。しかし、ネスレはその工場を全世界に配し、最早、スイス企業の枠を超えている。スイスにはヴヴェイに本社があり、企業戦略を練り研究開発を統括する。既に述べたが、スイス経済の三層構造の頂点に、このような世界中に名の知れたグローバル企業が位置する。このことはスイスという国を表していて興味深い。

即ち、スイス企業が発展しその経営規模を拡大していく時、既にスイスという国は市場として小さすぎるのである。更なる発展を目指すには、企業はこの人口七〇〇万人の小国の国境を越えなければならない。つまり、スイスは移民受け入れにより多くの技術を導入してきたが、開かれていたのは技術導入だけでなく、その生産活動においても同じであった。多くの優秀な移民を受け入れ、それを基に、スイス企業は国境の枠を超えて活動の場を求めていったのである。

この意味でも、スイスは閉じた共同体に止まっていない。全世界に張り巡らされた販売網、生産拠点は、スイス人に豊かな国際性をもたらしたが、これにより、ともすれば閉鎖的で狭量な考えに閉じこもりがちな共同体の構成員が広く目を世界に向けることになる。企業が生産拠点を海外に移転することは、今日では当然のことであり、それがグローバル化時代の特徴でもあるが、スイスの場合、既に一九世紀にこの動きが始まっていた。

スイスという市場が狭く、又、輸入先の関税を回避し、且つ現地の安価な労働力を利用し、輸送コストを下げようとすれば、工場の海外移転は当然の選択と言えそうだが、そこにはスイス人の旺盛な企業家精神があったことを見逃すべきではない。スイス人にとり、国境の壁は、はなから存在しなかった。

ネスレ社創始者のアンリ・ネスレはドイツ、フランクフルトの出身である。スイスはここでも、将来、スイス経済を背負って立つ企業の経営者を移民として迎えている。

ネスレの活躍の背景には乳児死亡率の高さがあった。当時、スイスでは、誕生した乳児五人のうち、生存し成長するのは四人でしかなかった。生活のため母親も労働に従事する例が多く、その結果、乳児に十分な授乳をすることができなかったのである。この惨状を前に、ネスレは何とかできないか頭を巡らした。ネスレは薬剤師である。その科学的知識が新たな製品の開発に活かされていく。一八六七年、ネスレは母乳の代替食品となる、安全で栄養価の高い乳児用乳製品の開発に成功する。彼は、まずそれを新たに生まれた自分の子に与えた。その子はすくすくと育ち、食品の有用性がここに証明される。

マギー・ブイヨンもまた世界に名の知れた商品である。これを開発したのはトゥルガウ州出身のユリウス・ミカエル・ヨハネス・マギーである。その開発の話はネスレに似る。

連邦政府の工場監督官シューラーが当時の労働者の栄養状態を懸念し、栄養食品の開発をマギーに持ちかけた。しかしマギーは製粉工場の経営者であり、栄養食品については知識がない。マギーは知り合いを集めその知識を総動員した。幸い様々な分野の専門家が集まってきた。一八八四年、マギーは見事、粉末状栄養食品の開発に成功する。一九四七年、マギーの会社はネスレ社と合併したが、マギー・ブイヨンの名は現在も健在で、ネスレの主要商品の座を占めている。

薬剤師や製粉業者が、それまでの経歴にとらわれることなく、新たな製品の起業に果敢に挑む。これこそがシュンペーターの言うイノベーションであり企業家精神である。企業家精神は冷静・理性的・合理的でなく、衝動的、ロマン主義的、冒険的である。そういう精神が近代化のあけぼののスイスに溢れていた。

チョコレート

チョコレートはスイスの代名詞と言っていい。リンツ、トブラー等、世界中の子供たちがその名を知っている。

シュプリュングリはチューリッヒを代表する喫茶店として駅前から続くバーンホーフ・シュトラーセの一角に店を構える。店は、毎日、シュプリュングリ独自の味わいをたたえるコーヒーやチョコレートを求める客でごった返すが、客が求めるのは単にその味だけではない。店には、スイスという国が持つ豊かな自然の趣とバーンホーフ・シュトラーセが持つエレガントな響きがマッチした独特の雰囲気が充溢する。客はそれを味わいにやって来るのである。その雰囲気は客にとり特別なものでなく、日常である。その日常としての雰囲気こそが、シュプリュングリが愛される理由に他ならない。

さて、スイスのミルクチョコレートである。

元々、チョコレートは薬品として誕生した。従ってカカオから創られるこの品物は決して食べやすいものではなく、その結果、需要も限られたものでしかなかった。チョコレートが、今日のように広く老若男女が口にし、就中《なかんずく》、子供のおやつの定番にまで登りつめるためには、ミルクチョコレートの誕生が不可欠であった。

しかし、今日、我々はミルクチョコレートの存在を知っているので、それがあることを不思議に感じないが、カカオ豆だけのチョコレートしかなかった時代に、新たにミルクを加えることを思いつき、ミルクチョコレートとして商品化するにはコロンブスの卵のような発想が必要とされたのである。

一八七五年、初めてミルクチョコレートの製造に成功したのはヴヴェイ出身のダニエル・ペーターである。ペーターはローソク屋であった。パラフィン・ランプの出現でローソクが売れなくなりチョコレート製造に転身した。ミルクチョコレートの製造は、当時ネスレ社が小麦粉とミルクを混ぜ合わせることをしており、ペーターはこれをチョコレートに応用したのである。

これは更に、一八七九年、ベルン在住のリントによるフォンダント・チョコレートへと発展していく。これは口の中でとろける口当たりの良いチョコレートである。リントは薬剤師であった。

水力発電

ミルクは美しい自然と共にスイスが有する数少ない資源である。資源に恵まれない国がその唯一と言っていい資源であるミルクを如何に利用するか、持てる知恵を存分に発揮し製品開発にしのぎを削ったのは必然の流れであった。スイス人は見事に不利な条件を有利に変えたと言っていい。

しかし、スイスにはもう一つ、豊富に存在する資源があった。水である。

ここに水を如何に利用するか、知恵を絞った者がいた。水を利用して電気を作る、つまり、水力発電である。一九世紀、発電は、専ら火力であった。発電した電気の輸送は、その過程で生じるロスが大きく、発電は消費地の近くでしかできなかった。必然的に、発電は火力であり、遠い山間で発電する水力は実用に向かないものとされた。しかし、スイスの場合、燃料となる石炭を産することはなく、従って、これを輸入しなければならない。それに要する輸送費はスイスの近代化に大きな足枷となる。スイスにとり、石炭に代え、豊富に存在する水資源の利用による水力発電は至上命題であった。

ここに登場したのがエーリコン社のチャールズ・ブラウン二世である。一八八六年、ブラウン二世は見事この難題を解決し、電気を八キロ輸送する際のロスを二五％に抑えることに成功した。

スイスが水力発電の技術を手にしたことは大きい。時あたかも産業革命はしりの時である。安価なエネルギーは発展の成否を分けるほどの意味を持つ。それまで豊富に存在しながら産業には何の役にも立たなかった水資源が、ここに一変しエネルギーになった。スイスは爾後、この電力を利用して鉄道網を整備し、アルミニウム産業を立ち上げていく。水力発電の開発がなければこれらの産業の発展はなかったと言っても過言でない。

一つの産業に於ける革新的技術が、他の産業の発展に連鎖し、スイスの産業革命を大きく躍進させていくのである。

綺羅星の如く人材を輩出したスイス経済

近代の黎明にあたり、スイスは綺羅星のごとく人材を輩出した。業種は観光から鉄道、電力と多岐にわたり、そのどれもが当時の水準において他の追随を許さないものであった。しかも、その革新的技術の開発が、薬剤師、ろうそく職人といった全くの畑違いの者の手によりなされた。時代が転換するとき、世界は、その時代精神を一身に担うような人材がどっと輩出されるのを目にする。日本も、明治維新の前後、不世出の人材が近代日本を形作ったのだし、戦後の荒廃の中から今に残る優れた企業の創業者が生まれている。人材というのはそういうものなのかもしれない。そこには、時代の大きな転換にあたりそれにふさわしい人材が希求されるとの事情、その転換を自らのチャンスとして摑みとろうとする者の意欲、野心がある。スイスも日本も、その事例が物語るのは、そこになにがしかの逆境の色合いがあることである。スイスの場合、それは貧困だったし、日本の場合、それは、外敵の侵入への恐怖心であり、敗戦の荒廃であった。

産業振興の原動力となるのは企業家精神である。それは冷静、沈着ではなく冒険、挑戦である。そこには、何かを成し遂げようとの溢れんばかりの気概がある。その者を突き動かす心の奥底の躍動がある。恐らく、企業家は止むに止まれぬ思いで新たな事業に立ち向かうのだろう、時代のエネルギーとその者から溢れ出る思いとが渾然一体となったような、そういう激しく躍動する何かがそこにある。

企業家精神が溢れ一つの時代精神になった近代の黎明期は別としても、スイス社会には人材を育む類まれな仕組みがある。開放型共同体という、一見矛盾した二つの要素が、互いにうまくバランスを取りながら混ざりあう社会で、今なお多くの人材が育成され世界に旅立っている。それがスイス経済の比類ない強さの源泉になっているのである。

第四章　開放型共同体の危機

急増する移民

スイスは開放型共同体である。しかし、さしものスイスの開放性がここに来て危機に直面している。原因は、近年、欧米諸国を襲うポピュリズムである。

スイスには多くの外国人が流入しているが、外部からの流入者はスイスに恩恵をもたらすとは限らない。手に職を持つ者は、スイスも、のどから手が出るほど欲しい。しかし、ここで再び共同体の論理が頭を持ち上げる。共同体は、親近性の高い同質の者で構成されなければならない。他者はできるだけ排除し共同体の同質性を維持することが、共同体の存続を可能にする重要な要素である。

しかし、スイスは地理的条件により近隣からの流入を完全にせき止めることは難しい。ここで次善の策として、流入者を共同体の良き構成員にしていくことが考えられる。それは可能か。

目を戦後に移す。

戦火を免れ、戦後の荒廃したヨーロッパに於いてただ一国裕福さを保ったスイスに、当初イタリア移民が押し寄せた。続いてスペイン、ポルトガルがこれに加わる。

この流れが変わるのが一九九〇年代に起きたユーゴスラビア紛争である。ユーゴスラビアの戦乱を逃れ大量のユーゴ難民がスイスに押し寄せた。

スイスは、それまで移民の流入に好意的だった。ラテン諸国からの移民は、スイス産業の振興に貢献しようがしまいが、スイスにとり、取り立てて異質というものではない。無論、スイスの中でも地域差はある。ジュネーブ等の西部では、住民は外部からの流入者に比較的寛容であり、社会民主党がこの声を代表する。これに対し東部、北部に広がるドイツ系はどちらかと言えば閉鎖的である。それでも、総じて言えば、スイスはラテン系流入者に対し好意的で、流入者は、スイス政府の手厚い同化政策を受けスイス社会に順応していった。

ところが一九九〇年代に押し寄せたユーゴ難民はそれまでのラテン系とは異なった。しかもスラブ系のユーゴ難民は、手に職を持つ者は一部でしかなかった。スイスにとり、異質の単純労働者が大量に入ってきたのである。

更に、二〇〇〇年代に入りイスラム系がこれに加わる。この新たな流入者がスイス政治を大きく揺り動かすことになった。

国民党の台頭が与えた衝撃

スイスでは、長らく四つの政党が安定した関係を保っていた。一九五九年以来、連邦参事会（内閣）の七人の閣僚は四つの政党で分け合うこととされ、その比率が半世紀もの間、変わることがなかった。この、社会民主党、自由民主党、キリスト教民主党、国民党による2・2・2・1の閣僚配分比率を「魔法の公式（Zauberformel）」という。

ところが一九九〇年代に入り情勢が一変する。国民党が急速に躍進したのである。国民党は長く四政党中、最も弱小だったが、一九九九年の選挙で第二党に躍進、二〇〇三年の選挙ではついに二六・六％の得票を獲得し第一党に躍り出た。

その立役者がブロハー党首である。クリストフ・ブロハーは成功した企業家だが、元々は貧しかった。家は二代続くプロテスタント牧師であり、ブロハー自身は大学卒業と同時に農業を始めようとしたが土地を買うカネがなかった。やむなく弁護士になると共に、自ら化学関連の会社 Ems Chemie を起業、これが当たって大金持ちになる。ブロハーは政治家としてのキャリアを歩み始める。初め市議会議員になったが、次第に州議会議員、連邦議員とキャリアアップを図り、やがて国民党の中心人物になっていく。ブロハーを中核に据えた国民党は次第に党としての性格を変えていった。国民党は、元々、農民が主体で保守色の強い党だった。

ブロハーは、大量に押し寄せる「異質」の難民に対し、国境管理強化と流入制限を主張した。ブロハーに言わせれば、既に、外国人はスイス人口の二割を超えている、これ以上の受け入れは不可能だし、スイスがスイスでなくなってしまう、それでもいいのか、というわけだ。これがスイス国民の共感を生んだ。最早、事態は我慢の限界を超えている、スイスはスイスたることを止めてまで外国人を受け入れなければならないのか、スイスはスイス人のためのものだ、というナショナリスティックな感情が国内に充満していった。

かくて国民党の躍進が始まる。議席の増加に伴い、ブロハーはそれまで一つと定められていた国民党の閣僚数を二に増やすことを要求する。議会第一党がどうして閣僚数一に止まらなければならないのか、閣僚の数は議席に応じて配分されるべきだ。ブロハーは、まさに半世紀近く続いた魔法の公式の変更を求めたのである。

安定的に推移してきた四政党間の配分比率の変更は、当然ながら多くの反発を生む。しかし、結局、国民党の躍進という事実の前に他の政党は折れざるをえなかった。かくて、二〇〇三年、国民党は閣僚ポスト二を獲得し、ブロハーが司法、警察大臣として内閣の一角を占めることとなる。割を食ったのがキリスト教民主党で、同党は閣僚配分数をそれまでの二から一とし、ここに新たな配分比率が決まった。

しかし、ブロハーの過激な主張は保守的なスイス政界にあって異端である。二〇〇七年総選挙で、国民党は第一党の座を維持しながらも、ブロハー自身は議員による閣僚選出選挙で落選してしまう。これに端を発し、国民党が分裂、新たに市民民主党が結成され、社会民主党、自由民主党、国民党、キリスト教民主党、市民民主党の五党が、それぞれ２・２・１・１・１の閣僚比率を分け合う形になった。

これで落ち着くかに見えた配分比率だが、国民党は、二〇〇三年の選挙の時に減らした得票を二〇一五年の選挙で取り戻して躍進、この勢いに乗じ市民民主党に割り当てられた閣僚枠一を取り返し、国民党が二つの閣僚ポストを占めることになった。二〇一五年以来、閣僚枠は再び、社会民主党、自由民主党、国民党、キリスト教民主党がそれぞれ２・２・２・１で分け合っている。

欧米で吹き荒れるポピュリズム

昨今、ポピュリスト政党がヨーロッパ各地で大躍進を遂げている。その流れはついにアメリカ大陸にも及び、先頃、トランプ大統領の誕生となった。

その背景には、中間層の窮状と移民の増大がある。冷戦後主流となったグローバル化の流れは、人々の間の格差拡大を促進し、富める者は益々富み中間層は所得の伸び悩みに陥った。グローバル化は中国、インドの貧困層の多くを中間層に引き上げ生活レベルの向上をもたらしたが、その裏で、世界を勝者と敗者に峻別した。中間層はグローバル化の敗者となった。グローバル化の恩恵は各層に均霑しなかったのである。

同時に、世界各地でエリート層への反感が強まった。エリート層こそがグローバル化の恩恵を最も受け、且つ、熱心にグローバル化を進めてきた、というのである。エリート層とはアメリカでは東部のエスタブリッシュメントであり、ヨーロッパではEUの官僚である。これらのエリート層は、グローバル化を推し進め、国境を越えた人の流れを促進した。その結果が移民の増加というわけである。

ヨーロッパで、何よりも問題の深刻さを見せつけたのが二〇一五年にシリアから押し寄せた未曾有の数の難民だった。ヨーロッパ各地で吹き荒れるポピュリズムの嵐は、何よりも移民排斥を訴えるが、その裏には中間層の生活の窮状と各国の文化的アイデンティティーの危機がある。

政治が最も安定しているとみられたスイスですら、この流れに無縁ではなかった。否、スイスはヨーロッパの中でこの流れにいち早く反応した国の一つだったのである。

ブロハーの主張は、米国のトランプ大統領の主張と、うり二つである。異質の移民急増に対し、スイスのアイデンティティーの危機を訴え、スイスがスイスでなくなってしまうと訴える。最早我慢の限界であり、スイスはスイス人のためにある、というナショナリズムの主張はトランプ大統領が登場する二〇年近くも前からブロハーにより主張された。トランプは米国大統領のイスを占めたがブロハーの国民党はスイス議会第一党の座を占めた。

ポピュリズムの背景にあるもの

トランプ躍進の原因については様々な論考が表されている。二〇一七年に発表されたウオルター・ミードの論文（"The Jacksonian Revolt," *Foreign Affairs*, March/April 2017）は示唆的である。ミードによれば、トランプ躍進の原因は経済的なものでなく文化的、即ち、白人労働者のアイデンティティーの問題である、という。白人中間層は、これまで米国社会の中核にあり、米国経済を支え米国の価値を体現してきた。ところが近年、この層が経済的に困窮しだしたばかりか、エリート支配や人口構成の変化により、中核の地位を追われてしまった。

この白人中間層の「ないがしろにされている」との意識こそがトランプを大統領に押し上げた、とミードは言う。従って、一部の論者によればこれは革命である。虐げられた者が立ち上がり、自らの存在の復権を訴え時の政権を倒す。革命は暴力だが、この場合の革命は民主主義に則ったものである。

しかし、虐げられた者が政権に反旗を翻すのは革命以外の何物でもない。この革命の主体は白人中間層であり、革命の原動力は「自分たちはないがしろにされている」との憤激である。経済的にないがしろにされているのは無論だが、それだけでなく、要するに中心にいたはずの自分たちがいつの間にか周辺に追いやられてしまった、米国が乗っ取られてしまった、との危機感が中心にある。米国を、悪しき者の乗っ取りから取り戻さなければならない。

これを代表するのが、トランプ政権で大統領上級顧問・首席戦略官を務め先頃辞任したスティーブ・バノンであり、バノンの思想を体現するのがトランプ大統領である。これは、バノンに代表される思想団体、オルタナ・ライトによる革命である、という。

ここでトランプをブロハーに置き換えると、スイス政治の現状がそのまま説明できる。ブロハーは二〇年前からスイスでトランプ現象を起こしている。

ヨーロッパで吹き荒れるポピュリズムは、経済的要因と文化的要因が複合し、その濃淡は国により異なる。しかし、いずれにせよ、膨大な数の移民の流入が国のあり方を変えてしまうとの危機感とエリートに対する反感がその一因であることは間違いない。

政治潮流の転換

欧米の政治潮流はここにきて大きな転換の節目にある。

第二次世界大戦後しばらく、リベラリズムが主流を占め、大きな政府と福祉主義が幅を利かせた。ルーズベルトのニューディールやジョンソンの偉大な社会はこの流れにある。

三〇数年経ち、八〇年頃から流れが反転、新自由主義とグローバリズムが世界の潮流になる。小さな政府と規制緩和、競争促進である。レーガン、サッチャーの時代である。

それから三〇数年、政治潮流は再び方向を変えようとしている。新たな流れは、反新自由主義、反エリート主義、反グローバリズムであり、「自由」から「保護」、「エリート」から「大衆」、「グローバリズム」から「壁の建設」へのシフトをその主要な柱とする。何より、これは怒れる大衆による革命であり、従って、「理性」でなく「感情」、「合理主義」でなく「感覚主義」である。ここに最近のいわゆるポスト・トゥルースが出てくる背景がある。

この新たな流れが本当の革命になり政治潮流として定着していくのかどうか、それはポピュリズム政権がどれだけ実績を残し人々の信頼を勝ち得ていくかにかかっている。革命は破壊だけでは本当の革命にならない。破壊の後に何を築くか、ポピュリズム指導者の力量が問われるのである。

スイスもこういう流れの中にある。

「第二の不安」とポピュリズム

別の角度から考える。ヨーロッパにおける反グローバリズムについてである。ひところ、グローバル化の流れは不可逆であり、世界は国民国家の枠を超えて人的、物的に行き来を増大させていくものと考えられた。ＥＵはその先駆的試みであった。その頃の常識からすれば、現在起きていることは予想だにしないことである。

グローバル化を反転させ、壁を高くして、再び国民国家の枠内に閉じこもろうとの動きの裏には、グローバリズムが当初の予想に反し、一部の者の利益にしか資さなかったとの人々の思いがある。更にまた、最近の移民の急増やテロの横行が壁を高くしてこれを防がなければならないとの人々の危機感をあおった。グローバリズムは、自分たち中間層に利益をもたらさなかったし、逆に、国境を取り払ったことにより国民は難民やテロの脅威に直面することになった。然るに、超国家機関たるＥＵは人々を難民やテロの脅威から守るのに無力であり、結局頼るべきは国民国家だった、というわけである。

ここにあるのは、人々の慣れ親しんだ国民国家に対する信頼であり、新たに出現した超国家機関への不信である。ここに、自分たちを保護してくれるのは国民国家であるという、自らと国民国家とを一体化する感情を見て取ることができる。ここでの国民国家とは一種の共同体である。

振り返って、人々は近代化の時、住み慣れた農村を離れ、見ず知らずの者が住む都会に出てきた。都会はそれまでの共同体の中での生活とは打って変わり、殺伐とした、保護してくれる者もない、「個」がむき出しになる社会であった。人々は共同体のつながりを断ち「個」としての生活を始めた。それは荒々しい風が吹きすさぶ社会への旅立ちであった。

二世紀が過ぎ、その都会暮らしにようやく慣れ、それまでの農村から都会、伝統的村落共同体の生活から国民国家という新たな共同体により統合された社会での生活に慣れたと思った時、人は、再び荒波の中に放り出されることになった。今度は国民国家に代わり、超国家機関が統治する中で生きよという。国民国家の中にいた時、国家は難民やテロから自分たちを守ってくれたし、何より、人は民族としてのつながりを確認できた。ナショナリズムはそのつながりの感情が燃え上がったものに他ならない。そこでは、自国民と他国民が峻別され、自国民の利益が優先される。

これに対し、ＥＵはエリート主導で何か人工的である。人間としての血が通ったところがなく、感情や人間臭さを排除した、何とも無機質な存在である。愛着を持とうにも愛着がわかない。投票を通して自分たちが統治の主体だと感じられるかというとそれも薄い。何より、人はＥＵの中で守られているとの実感を持てない。共同体にせよ、国家にせよ、人がそういうものの成立を受け入れるのは、少なくとも組織が安全を提供するからであり、脅威から身を守ってくれるからである。ＥＵは異質なものの往来を盛んにすることにより脅威を増大させておきながらその脅威に対する安全を提供しようとしない。つまり、ＥＵには共同体が本来持つべき何かが欠けているのである。

ヨーロッパで、ポピュリズムが吹きあれる裏には人々のこういった漠然たる不安がある。共同体にしっかり組み込まれていると感じられない不安である。それは、かつて人々が近代化の時に感じた不安と類似のものである。つまり人々が抱く「第二の不安」が現在のポピュリズムの裏にある。

「開放型共同体」スイスの試練

スイスにとり、移民の流入は長い歴史の間に繰り返されてきたことであり、それ自体が問題であるわけではない。問題はその「規模が巨大」であることと、移民が容易に「同化しない」ことである。換言すれば、如何に異質のものが「共同体」スイスに流入しようとも、規模が程々で、従ってスイスに受容能力があり、且つ、流入したものがスイス社会に同化していけば、問題はここまで大きくならなかっただろう。

しかし、安定したスイスと紛争に揺れる周辺国とのコントラストはスイスへの難民の激流を生んだし、スイスとは余りに違いすぎるイスラム系を主体とした異質な流入者はスイス社会に容易に溶けこまなかった。無論、スイス政府は移民、難民の同化に努力している。補助金を支給し、語学教育の機会を与え、職業訓練を施す。そうやって、異質な者を同質なものに変えるべく同化に努めてきた。ユーゴ難民は容易に同化しなかったが、政府は根気強く同化政策を進めていった。

その矢先のイスラム系の大量流入である。ここにスイスは我慢の限界に達する。国民党の躍進はこのことをはっきり示している。

スイスは長い歴史を通じ多くの外国人を受け入れてきた。それは社会を豊かにし生活の質を上げた。スイスはそうやって新しいスイスを作り上げてきたのである。しかしそれは、あくまで「共同体」スイスが変質を来さない限りでのことだった。スイスの本質である共同体の結合が脅かされ、スイスのあり方が変質を迫られる時、スイスは抵抗しないではいられない。それが、スイスの独立を脅かす者に対し、剣を手に立ち上がってきたスイス人の生き様だ。

スイスとしてのあり方への脅威は、それが外部からの武力による侵略であれ、あるいは移民の流れであれ、脅威自体に差はない。ハプスブルクの領主だけではない。近隣のドイツ、フランス、イタリアとの関係においても、如何にスイスとしてのあり方を守り続けるか、それはスイスの存続をかけた戦いなのである。スイスの有り様を失えば、スイスは容易にドイツ、フランス、イタリアの中に「溶けてなくなる」。スイスが溶解すれば最早スイスの存続はない。

国連やＥＵへの加盟もスイスにとり国の存亡をかけた問題である。

スイスほど国際機関を誘致し国際社会への貢献に熱心なところはない。それは中立を国是とし、国際社会の信義に国の存亡を委ねる国にとり当然の政策である。

それにもかかわらず、国連の義務とスイスの国是は両立するであろうか、国連の集団的安全保障体制とスイスの中立政策は両立するであろうか。ブリュッセルの指令により、国内法令が様々な変更を余儀なくされることと直接民主制に基礎を置くスイスの体制とは両立するであろうか。結果的にスイスは、様々な工夫をこらし、国連に加盟し、未加盟でありながらEUと共同歩調をとるが、それはスイス人の智恵の賜と言っていい。

昨今の難民、移民の流入は、スイスが長い歴史において守ってきた共同体としてのスイスの根幹に触れる問題である。スイスとして容易に妥協できるものではない。スイスの「開かれた共同体」は大きな試練に立たされているのである。

第五章　クオリティー・オブ・ライフの追及

「開放型共同体」スイスが追及するのがクオリティー・オブ・ライフ（生活の質）である。スイスの人々が豊かな自然の中に日々の生活を送るとき、そこで目標とされているものがこれである。その実態は何か。

1　シンプル

スイスは如何なる意味でも文明の中心ではない。山間にひっそりと佇む小さな共同体は、豪華絢爛たる花の都パリではない。これは当然のことだが、人はここを誤解する。何といっても世界に冠たる一人あたりGDPのトップに位置する国。世界の王侯貴族が我先にと避暑に押し寄せ、あるいはウインタースポーツに興じる国。著名人が余生を送ろうと大挙して移り住む国。オードリー・ヘップバーン、チャプリン等々。

さぞかしスイスには豪華な宿泊施設があるに違いない。瀟洒な住宅がひしめき、贅をこらしたレストランが立ち並んでいるに違いない。人はそう思う。

しかし実態はそうではない。ごく一部を除き、スイスには豪華絢爛たるホテルはないし、華麗で仰ぎ見るような社交界の夜はない。スイスはあくまで山間の小村である。スイスの宿泊施設は、シンプルという言葉が最も適切である。簡素に整えられた室内。宿泊客が快適に一夜を過ごすことができるようにと考えられた心配り。それはスイスの朝食が何よりよく表している。焼きたてのパンに冷たいハムとチーズ、それにコーヒー。

一体、人はそれ以上、何を求めるというのか。何とも心のこもった、宿の主人の誠心誠意のもてなしそのものでないか。フランスに行けば様々な種類のジャムがつき、パンの種類も増え、場所によっては卵やヨーグルトもある。

しかしここスイスは、そういうものはなくて十分。スイスの朝の澄み切った空気を胸一杯に吸い、雄大な山々を窓越しに見ながら、思う存分新鮮なパンとコーヒーを味わっていただきたい、主人はそう言っているかのようである。室内の調度品やホテル内の施設も同じ。快適さこそが何よりであり、シンプルこそがいい。華美なものは、この自然味あふれるスイスに凡そふさわしくない。

スイスでは、朝、玄関を開けるとプーンと独特の臭いが漂う。ここは牧畜の国。馬糞を嗅いで心が安らぐようでなければいけない。日本から来た当初、人は戸惑いを見せるも、やがて滞在が長引くにつれ、この何ともいえないのどかな臭いに心の安らぎを覚えるようになる。

スイス経済は先進国の中でもトップを走る。国内はさぞや洗練された雰囲気だろうと思うと肩すかしを食う。昼食に、いい天気だから外の新鮮な空気を吸いながら食事を、と思い、テラス席に陣取る。やがて運ばれてきた食事めがけ、無数のハエが襲う。日本では、既にハエ取り紙が姿を消して久しい。スイスにハエ取り紙は売っていないのかと探す。ハエがあまりにしつこくまとわりつくので、とうとうテラス席を諦め建物の中に退避する。しかし、ハエは外だろうと内だろうとお構いなし。何とレストランの中でもハエが舞い飛ぶ。これはスイスの田舎の話ではない。スイスの首都ベルンやスイス最大の都市チューリッヒで普通に見かける風景だ。ベルンの家の玄関を開ければ馬糞の臭いが襲ってくる、そういうところにハエがいないわけがない、と観念するまで暫しの時間が必要である。

スイスの食事といっても、最も有名なのはフォンデュとレシュティ。前者は固くなったパンを如何に食べるか考え、これをワインで割ったチーズに浸して食べることにしたもの。後者はイモを油で揚げたもの。いずれも素朴である。

筆者がベルンの街中を散策していた時、ふと疲れてある教会の階段に腰を下ろした。

するとと、一人若者が、これも歩き疲れたのか、筆者から少し離れた階段に座った。そして、担いでいたリュックから何か取り出すや、おもむろに口にほうばった。それはなんと、皮をむいただけの人参。彼は、それをガリガリ音を立ててかじり始めた。ドレッシングもマヨネーズもない。

日本であれば、こういう光景にお目にかかることは田舎でもない。せいぜいリュックから取り出すのは菓子か、おにぎり、マクドナルド・ハンバーガーといったところだろう。しかし、ここスイスでは自然そのもの。人は生の人参にかじりつく。これはスイスでは決して珍しい光景ではない。子供の学校で、友人らがおやつに持ってくるのはやはり生の人参やキュウリなのである。

チューリッヒはスイス第一の都市である。街の中心部にはバーンホーフ・シュトラーセの目抜き通りが走り、両脇にはブランドショップが軒を連ねる。ヨーロッパで一、二を争う豊かな国の目抜き通りであり、さぞや華やかな、とパリやロンドンを思い浮かべるとこれが全く違う。

チューリッヒの印象は「くすんだ黒、乃至、青」である。それは街中を走る路面電車が、くすんだ青の車体をしていることにもよる。長年の風雪により、両脇の堅牢な建物のコンクリートや石壁がくすんだ色になっていることもある。

しかし何といっても、街行く人の服装が主として黒なのである。男も女もみな黒。しかも女性のスカート姿はほとんどと言っていいほど見かけない。

筆者はあるとき、すれ違った女性になぜか気を取られ振り返ったことがあったが、すぐその理由が分かった。その女性はスカートをはいていたのだ。

チューリッヒの人は、つつましやかで控えめであり目立った姿をしない。これを没個性というのは正しくない。おしゃれをひけらかすそぶりが全くと言っていいほど感じられない。このつつましやかな生活が表面上のことに過ぎず、一歩家の中に入れば高価な家具がしつらえられているところも多いにせよ、スイス人は基本的に質素なのである。

この国の国民にとり、「華美」という言葉ほど似つかわしくないものはない。国中が、チューリッヒもベルンも、どこもかしこも華やかさと対極にある。そしてそれこそがスイスだと、スイス人は自認する。

質素は、スイス人が長い間生きてきた、その生き様そのものである。山に閉ざされ、豊かな自然には恵まれつつもこれといった産業もなかったスイス人の、その根本のところにあるのはやはり質素、素朴ということである。

倹約を旨とし、華美を避けつつつましやかに生きる。それこそが、このスイスという過酷な自然の中に生活するスイス人の生き様に他ならない。

確かに宗教も関係しよう。特に、チューリッヒは、ツヴィングリが出たところで、プロテスタントの教義がその生活態度に色濃く反映している。ジュネーブはカルバン派の拠点であった。しかし、このスイス人の質素、素朴は、おそらく、プロテスタント以前からのものであるに違いない。アルプスの山々がスイスの質素、素朴を作ったに違いない。

シンプルの意味

さて、人はこういう叙述を読みどう思うであろうか。筆者は、別に、スイスに対する美しい夢や憧れを壊そうと思って書き連ねているわけではない。スイスには憧れの対象とは違った厳しい現実があると、特に強調しようとの意図もない。

ここで立ち止まり、暫し考えを巡らせてみたい。

日本の喧噪に満ちた日々、ひっきりなしに案内の音声を流す駅のホーム、林立するコンビニに並ぶ口当たりのよいファストフード。便利になったはいいが、花粉症の蔓延により顔はマスクで覆われ、誰が誰だか判別し難くなった東京。そういうところから離れ、山間のひっそり佇む共同体にやってきたのだから。

ある時、子供が熱を出した。しかも四〇度の高熱である。慌てて近所の医者に駆け込んだが、子供は苦しそうである。治るだろうか。薬を飲ませゆっくり寝かさなければならない。

しかし診察を終えた医者は言う。これは普通の風邪です。風邪に効く薬はない。熱はあった方が菌が繁殖しなくていい。このまま帰って静かに寝かしつけて下さい、と。

しかし先生、子供は苦しそうです。万が一のことがあったらどうするのです。先生は落ち着いて言う。診察の結果、万が一のことは起こりません。薬は熱を下げ子供は楽になるが、薬を飲まない方が子供は抵抗力がつく。自分の力で風邪の菌を退治した方が強い子に育つのです、と。

子供は四、五日苦しんだが、やがて回復した。今、大きくなったが、確かにあまり風邪を引かない。

2　スイス人にとっての価値——クオリティー・オブ・ライフ

ある時、筆者はスイス、ローザンヌ大学の政治学教授と昼食を共にした。

瀟洒なホテルの一室、スイスの政治談義に花が咲き、ひとしきり議論を交わした後、筆者はふと、スイスの生活の魅力は何であろうかと尋ねた。

政治学の先生曰く、それはクオリティー・オブ・ライフだろう、と。クオリティー・オブ・ライフ、生活の質。

先生はヨーロッパの知識人、文明に対する見方は当然厳しい。文明は人類に様々な利便をもたらしたが、併せ、多くのひずみをもたらした。就中、産業革命後、人類社会を襲った工業化は、スイスのような国に住む知識人にとり、是とするところ二分、否とするところ八分。特に世は、既にポスト・マテリアリズムにあると認識する知識人にとり、価値はモノの獲得にあるのではなく心の充足にある。モノが不足していた時代、人はその充足のため、機械を発明し、ベルトコンベアにのせ大量生産を目指して働いた。お蔭でなんとか一通りのモノは整った。しかし、ベルトコンベアは止まらない。作ったモノは売らなければ元が取れない。不要なモノを如何に買わせるか。

かくて世は、手を替え品を替えして、同じモノを違った形にし、少しだけ良くしたかのように見せかけ宣伝合戦を繰り返す。それが本当に必要なモノなのか、人はよく考えることもなく、新しい装いを纏った商品に手を出す。商品を買い、しかし満たされることはない。この思いは何だろうと不安に襲われつつも、折角手に入れた品を一度使ったきりでタンスの奥にしまい込み、再びショウウインドウに向かう。タンスは使ったこともないモノであふれかえる。

政治学の先生は、ここで考える。人の本当の豊かさは、モノにあふれることではない。モノは、既に生活に必要な分だけ十分にある。稼ぎを求めあくせく働くことでもない。

稼ぐカネより大切なものがある。時間は限られており、必要以上に稼ぐことに回すより、より大切なものを得るために使う方がいい。家族と一緒に過ごす時間、読書にふける時間、山々を眺め心の安らぎを得る時間。世の喧噪は精神の充足をもたらすことはなく安らぎが妨げられるだけだ。心の安らぎに喧噪は不要。

便利とは何だろう。歩いて五分もしないところにコンビニがあり、全てのモノが一通りそろう。それは便利には違いないが、ゆったりとした自然の山々を満喫しようと思えば、コンビニがない不便は受け入れてもいい。ハエはいないに越したことはないが、ハエは心安まる自然の中の一部と思えば、ハエを追いながら食べる昼食があっても悪くない。

つまり便利さはあるに越したことはないが、便利さを失っても得るものの方が大きい時がある。何といっても人は自然の中の一部だ。自然を味わうことで心の充足が得られるとすれば、不便もその欠くべからざる自然の一部なのではないか。知識人たる政治学の先生はそう考える。

そうしてたどり着いた先がクオリティー・オブ・ライフの考えだ。価値は、クオリティー・オブ・ライフにある。生活の質にある。その生活の質を満たしてくれるところがこのスイスだ、と。

豊かな自然は、世界のどこにいても味わえるというものではない。スイスにはたまたまそれが存分にあった。いわば恵まれていたのだ。恵まれた環境にあったが故に味わえる一種の贅沢である。

東京には自然といっても猫の額ほどの庭先しかない。庭があるのは贅沢な方で、マンションのベランダにわずかに花を置いて楽しむしかないのだ。一歩外に出れば街は人でごった返し、誰も好き好んでこんなところに住んでいるわけではない。仕事の都合上やむを得ないから住んでいるに過ぎない。定年にでもなればどこか田舎に引っ込みたいが、事情を知らない田舎に行っても近所づきあいで気遣いが絶えない。実家の家は、もう誰も住まなくなって荒れ放題。皆、都会に出てしまって過疎は元に戻せない。コンビニはなくてもいいが、せめて村に人はいてもらいたい、と人は反論するだろうか。

しかし、スイスにとり、自然は長く恩恵ではなく脅威であったことは思い起こさねばならない。人は急峻な山々に囲まれ、産業もなく血を売って生活の糧を稼いだ。

スイスの山が、観光というカネのなる木に変わったのは、スイス人が血の出る思いでこれを開発したからである。

スイス人は結局、多くの制約の中に生きてきた。制約がある中、これを如何に打破し、自らにとり有利な条件に変えるか、その実現のため工夫に工夫を重ねた。その結果が今の豊かさなのである。そして豊かさの本当の意味を考えたとき、モノの大量生産だけが豊かさをもたらすのではなく、心の充足も併せて必要だと気がついた。その双方のバランスが今のスイス社会なのである。

ここにスイス人の頑固さを垣間見ることができる。

人はスイスにおいて、共同体を決して手放すことがなかった。共同体の精神は今もスイスの中に息づいている。

それと同時に、人はスイスにおいて、本当の豊かさが物質のみにあるのだとは思わなかった。物質は必要である。しかし物質に加え、心の充足があってこそ人は本当の意味で幸せになる。だから、モノと心のバランスを考えなければならないのであり、そのバランスを図るためには、ある程度は、モノの不足による不便を甘受しなければならない。

スイス人は、この点で頑固であった。そしてその頑固さはスイス人のＤＮＡがそうさせる。村の共同体の中で生きてきたスイス人にとり、本当の豊かさは村の共同体の中にある、その信念である。

日本でも六〇歳以上の世代は、畑を駆け回った記憶がある。コンビニなどなく、駄菓子屋で甘食を買ってもらい食べた記憶がある。家に風呂などなく、たらいに湯を張って行水をした。夜はラジオから流れる番組が唯一の娯楽だった。家に風呂がつき、冷蔵庫で冷やしたものを食べ、テレビで動く映像を見るようになったのは小学校高学年になってからだ。

こういう世代にとり、スイス人が持つ村の共同体の意識は実感として理解できる。そういうＤＮＡが日本人の中にもある。しかしコンビニ世代の現代っ子は共同体といっても実感がわかないだろう。

アメリカ文明とヨーロッパ文明の角逐

二〇世紀はアメリカの世紀とされる。

それは、アメリカが戦後、圧倒的な優位を保ち、いわゆるパックス・アメリカーナを築いたことにもよるが、より本質的には、一九世紀末以来のアメリカ文明が世界を席巻したことによる。アメリカは軍事で世界の覇者となった以上に文明の力で世界を凌駕した。このアメリカ文明の起源は一九世紀末、アメリカで唱えられた革新主義（Progressivism）だとされる。

革新主義は、一九世紀末、アメリカ社会に生じた貧困、差別等の社会問題を解決するための処方箋として提示された、産官学複合体の形成を中核とする考えである。産業と科学の合体により生産の効率化を図ることを目的とし、そういう産学体制を官がリーダーシップをとり推進することを提唱する。生産性が向上し効率が改善された産業は低価格商品の生産が可能になる。それを賃金水準が上昇した主として白人中間層に提供する。市場を媒介にし、産業と消費者とが結びつく大衆消費社会が実現する。この産官学複合体制と大衆消費社会の実現こそがアメリカ文明に他ならない。アメリカは一九世紀末以降、こういう文明を作り出し、その文明の下に社会を作り変えていった。

それは、画一的、没個性的な低価格商品を大量生産し、大量消費するシステムである。これがアメリカ社会を底上げし、全体的に裕福な社会を実現した。

アメリカ文明は普遍主義であり、アメリカだけに妥当するものではない。アメリカ文明は世界に輸出された。T型フォードはアメリカを席巻した後世界に輸出され、世界中が自動車文明を謳歌した。

マクドナルドやジーンズは世界に普及し既にアメリカ文明の色合いはない。

革新主義の意図にもかかわらず、アメリカ文明には今なお、格差、人種、移民等、多くの問題が解決されることなく存在するが、何より、アメリカ文明の根幹である「画一的、没個性的、低価格の商品の大量生産、大量消費」に対し、二〇世紀半ば以降、世の中の批判の目が向けられていった。アメリカ文明は、人々が豊かでなかった時代の文明である。生活レベルが上昇した今日、画一的、没個性的、低価格、大量生産、大量消費のモデルは魅力を失った、というのである。

T型フォードよりベンツ、BMW、レクサスの方がいいし、アメリカ人はいざ知らず、マクドナルド・ハンバーガーはたまにはいいが毎日は食べられない。人々は生活水準の上昇に伴い、より多様な、個性的、差別的でワンランク上の商品を嗜好するようになった。それがヨーロッパで著しく、日本もその方向にある。今や、途上国はともかく先進国では、アメリカ文明の輝きは色褪せてしまった。

アメリカ文明のアンチテーゼとして見直されたのがヨーロッパ文明である。日本ではその意識は薄いが、ヨーロッパのクオリティー・オブ・ライフの考えは、アメリカ文明のアンチテーゼとしてのヨーロッパ文明に他ならない。

しかし、アメリカ文明はこれで終わらない。二〇世紀末、アメリカで始まった情報革命は、アメリカ文明に再び新たな力を与えることになった。情報革命の核心は「個人のエンパワーメントによる新たな結合の創造」にある。それは大量生産、大量消費システムの中で埋もれた個人を救い出す動きである。アメリカ文明は情報革命により、「画一的、没個性的、低価格商品の大量生産、大量消費」の批判を返上しようとしている。

3Dは、匠の技をコンピューターに代替させようというもので、匠の技がなくともコンピューターが同等以上のモノを作り出す。これにより日本やスイスの職人が長年、培ってきた勘と技による職人芸が存続の危機にさらされようとしている。人々は、お仕着せの観光案内に代え、個人の経験を集めたブログを信頼して自分の行先や選り好みを決めるし、工場のベルトコンベアー前の単純作業は機械に置き換えられ、人々は家に居ながらにしてネットを介し働くようになろうとしている。

実に、シリコンバレーの産官学複合体制が、輝きを失ったアメリカ文明に新たな光を与えた。それが、ヨーロッパ文明に対するアメリカ文明の優位になっていくのか、先行きはなお不透明だが、今、アメリカ文明の逆襲が始まったことだけは明らかである。

イノベーションとしての情報革命

これは、シュンペーターが言うイノベーションの典型的な例である。

二〇世紀初頭、ケンブリッジ大学経済学教授のデニス・ロバートソンは、需要は飽和すると言った。

専門的に言えば限界効用の逓減だが、要するに、モノがあふれてくればモノの有難みが薄れるということだ。そこを如何にして少しでも多くのモノを消費者に買わせるか、企業は手を変え、品を変えして新しい商品を繰り出す。しかし、中身に大きな違いはない。目先が変わっただけである。

これは誰が見ても馬鹿げたことである。先の例で言えば、タンスにしまい込み何を買ったか忘れるようなモノを飽きもせず買い続けることに意味がある、と考える人はいない。

それにもかかわらず、ここに資本主義が持つ一つの側面がある。無駄なモノでも生産し購買させなければシステムが回っていかない。従って、贅沢、浪費は悪いことでない。贅沢、浪費こそがシステムを回していくエンジンである。ドイツ歴史学派のヴェルナー・ゾンバルトは、これを「贅沢こそが資本主義の生みの親であり牽引車である」と言った。

もし資本主義がこれだけに終わるのであれば、資本主義とは何とつまらないシステムかと思う。無駄なモノを生産し続け、限りある資源を浪費し、化石燃料の大量消費により自ら生活する環境を破壊する。まさに資本主義の負の側面である。

しかしシュンペーターが描く資本主義は違う。資本主義の本質は破壊と創造である。既存の財は、需要の飽和により売れなくなる。経済は停滞に陥る。しかし資本主義はそこで終わらない。

企業家精神を持った、破壊と創造のナタを振るう人物により、新たな財、生産方式、生き方が創造され、それが新しい需要を生む。その需要が生産を引っ張り、停滞に陥っていた経済は息を吹き返し新たな好循環に入っていく。これが、シュンペーターの描く資本主義である。

これは、欲しくもないモノを企業の宣伝に踊らされ買い続ける世界ではない。そこにあるのは創造的革新、即ちイノベーションであり、それが不断に繰り返されていくところにこそ資本主義の真骨頂がある。先の話で言えば、需要の飽和により停滞した経済を救うのは贅沢や浪費でなく、イノベーションにより生み出された新たな商品に対する新たな需要である。これは資本主義の正の側面である。

情報革命は、まさにこの創造的革新、イノベーションである。情報革命が進行し世の中を変える姿を日々目の当たりにしている我々には、このシュンペーターの説明はストンと腑に落ちるところがある。

新たな需要の創出に失敗した日本経済

ここで改めて、高度成長期（一九五五～七〇年）以降の日本経済の歩みを振り返ってみたい。

高度成長期、日本経済は平均一〇％の成長を達成した。七〇年代初めに高度成長が終焉した後、一九七三年の石油ショックを契機に七〇年代半ばから九〇年頃まで、日本経済は平均四％の成長が続く。その間、八六年一一月から四年間、日本経済はバブル景気に踊った。

高度成長を牽引したのは、製造業を中心とした旺盛な設備投資である。この間の高い生産性（全要素生産性、ＴＦＰと言われる）上昇と相まって好景気が続き、三種の神器に代表される耐久消費財が日本の家庭に遍く普及した。

しかし、やがて需要は飽和する。日本経済は、高度成長が終わりに差し掛かる一九七〇年代初めにかけ、需要の停滞が始まりこれに伴い生産が制約されるという生産の隘路に陥っていく。

ここで、生産の隘路を突破する新たな需要が創出されなければならなかった。この新たな需要の創出は、いうまでもなくイノベーションである。然るに日本経済はこの新たな需要の創出に失敗する（吉川洋『転換期の日本経済』）。実に、ここに日本経済の失われた二〇年における混迷の出発点がある。

吉川が言うとおり、ここで日本経済は、新たな需要を見つける努力をもっと真剣に行うべきであった。その代わりに日本がしたのが輸出振興であった。日本はバブルと輸出の伸びにより新たな需要の創出を先延ばしした。その後のバブル崩壊、累積する不良債権、長引くデフレに、政策の誤りと高齢化が加わり、現在の日本経済の低迷に至っている。吉川も指摘する通り、イノベーションは新たな技術革新だけでない。生産性の上昇、即ち、ＴＦＰの上昇がなくてもイノベーションは生じる。その要因となるのが新たな需要の創出である。日本は、それまでの工業製品を主体にした需要から新たな需要の創出に向かわなければならなかった。三種の神器にとどまることなく新たな需要を掘り起こさなければならなかったのである。

日本経済が見つけるべき新たな需要とは何であろうか。情報革命が開く広大な可能性がそれにあたることは言うまでもない。しかし、新たな需要は新たな生活の仕方に根差す。新たな生活の仕方とは、生き方に対する新たな視座である。それがクオリティー・オブ・ライフの向上でないか、というのが本書の立場である。新たな需要は、工業製品に溢れた生活から、クオリティー・オブ・ライフの向上を目指す生活に視座を変えることにより創出される。日本経済はこの視座の転換に失敗したのである。

今、求められているのは、量的緩和のリフレでも、一時的な需要創出を狙った財政拡大でもない。日本経済がどこに新たな需要を求めるか、そのためにどのような社会を将来目標として設定するか、ということである。それは、今後、我々は如何なる生き方を選択すべきか、の問題に他ならない。

3 積極的な政治参加

クオリティー・オブ・ライフ（生活の質）の問題を考える時、もう一つ重要な視点は政治との関係である。即ち、スイスの政治制度がクオリティー・オブ・ライフを実現するための重要な要素となっている。

スイス人にとり、政治は身近にある。人々はどこかの雲の上のものとして政治を見るのではない。スイスの政治は人々の生活そのものである。スイス人にとり、連邦政府の大統領は雲の上の人ではない。毎日の電車の中で普通に見かける人である。政治家もまたそのことはよく心得ていて、自らを特別の存在と思わず、高級車に乗らなければ出勤しない、などとは決して言わない。自らを単なる共同体の事務を任された代理人と考えている。

スイス人が、その政治的意思を最も直接に表明する制度が国民投票である。国民投票にかけられる議題は雲の上の迂遠な問題でなく、人々の生活に直結する身近な問題である。

スイス人が直接政治に関わり、一つ一つの問題に「口を出す」制度は、考えようによっては煩雑である。国民の声を本来代理すべき議会が決定するのではなく、一人一人の国民が決定権を持つ場合、一人一人に政治問題を説明しなければならないし、説明したところで、十分な理解が得られる保証もない。問題によっては、専門的知識を持った少数が協議して解決策を模索した方がより効率的である。

スイスは人口が七〇〇万人と少なく、小国であるが故にこういう政治制度が機能するのであり、大国になれば機能しないだろうとは、よく言われることである。しかし、一人一人に政治問題が説明されるということは、政治に関する情報が広く開示されるということである。また、国民投票制度があって、何かというと投票に付されるということは、政治家の独断専行が妨げられるということでもある。

確かに、この制度は煩雑で、政治が迅速に決せられることは少ないかもしれない。スイスは小国なのに小回りがきかないのである。

国民は一般的に保守的であり、時代の変化に適応した迅速な動きを嫌う。スイスの遅々たる政治判断は往々にして時代の変化について行けない。ましてスイスと違い大国の場合、スイス式の意思決定システムは非効率も甚だしいということにもなりそうである。大国においては国民を代表する議会こそが政治的決定権を有し、時代の変化を見極め迅速に動いてこそ国民の利益が実現される、というわけである。

ここで、我々は国民の政治参加と効率的な政治判断との関係を考えなければならない。

スイス人にとり、政治に参画し、判断に要する情報が十分開示され、政治問題を身近に考える機会が保証され、身近な生活に関わる問題が自らの手の届かないところで決められることがないということは、クオリティー・オブ・ライフの重要な要素である。如何に時代が目まぐるしく動き、変化が激しく、問題が複雑さを増したとしても、政治とは自らの生活に直結するものである。政治は自らの手で決められなければならず、自らが与り知らぬところで重要なことが決められ、その結果を押しつけられるだけであってはならない。

この意識こそが、スイスという国を作っているのであり、スイスの共同体の本質であり、スイス人のクオリティー・オブ・ライフの重要な要素である。自分たちこそが政治を動かすのであり、誰か知らぬ者が自分たちの問題を決めるのではない、というこの意識こそが、スイスという国の安定を保証しているのである。それは時間のかかるプロセスである。煩雑であり、手間のかかる制度である。およそ変化の激しい現代には似つかわしくなく、大国の政治制度にはそぐわない。しかし、この意識が保証されることこそが、スイスの安定には不可欠なのであり、政治的安定こそが、人々の生活を保障し、経済的繁栄を保証する。長い目で見れば、これは決して煩雑でも迂遠でもない。これこそが、人々の満足を保証し繁栄を約束する最も確実な道なのである。

政治への参画がどの程度保証されているか、国により様々である。制度としては保証されていても、実際には政治権力は一部の有力者の手に握られ、その結果多くの国民の利益が顧みられない例は数多い。現代社会でいちいち例を挙げるまでもないほどである。しかし、そういうガバナンス上の問題を抱えるところで経済発展が阻害される例もまた数限りなく存在する。

エコノミスト誌はかつてアルゼンチンを取り上げ、一時あれほど繁栄を誇った国が、今や経済苦境にあえぐようになった根本的理由は何かとの問いに対し、結局はガバナンスの問題とした。アメリカ大陸で北アメリカと南アメリカとが、条件としては類似であるにもかかわらず、経済発展において大きな差が生じた理由が何であるかは興味深い問題だが、プロテスタントとカトリックという宗教の違いによるとの説明より、ガバナンスの違いであるとの説明の方が説得力がある。

短期的にはともかく、長期的に見た場合、人々の政治への参加の保証が繁栄をもたらす大きな要因であることは否定しがたいだろう。

国の規模

ここで、国の規模ということを考えておきたい。スイスは小国だから国民の政治参加が容易で、大国は事情を異にする、との見方である。

人は生きていく上で何らかの組織に帰属する必要がある。仲間で作るサークルに帰属し、自分たちのことは自分たちで決める、ということが保証されるとき、人の帰属意識は高まる。逆に、近代国家では往々にしてそうだが、帰属すべき組織が大きすぎ、自らがその組織の不可欠な構成員と認識できない場合がある。この場合、人の帰属意識は弱くなる。

現代日本は、東京一極である。政治も経済も文化すらも、東京が決め地方は東京が決めたことを押しつけられるだけである。近年、地方在住者は、どうせ重要なことは全て東京が決めるのであり、地方はその決定に追随するだけであるとの意識の結果、政治参加のインセンティブを低下させている、との指摘がある。特に地方在住の若年層にその意識が顕著のようである。もしこれが事実とすれば、由々しきことと言わざるをえない。組織に対する人々の帰属意識が弱まっているのである。

人が共同体に対する帰属意識を十分に持ち、共同体の問題を自らの問題と考え、決定に積極的に参加し責任を共有するとき、人は充足感を感じる。逆に組織が大きすぎ帰属意識が十分持てないとき、人は疎外感を持つ。このとき、人は公益を顧みず自らの私益のみを考えがちである。

近年、日本に於いて、こういう風潮がないと言えるであろうか。若者が、小さくまとまり、自らの幸福だけに意識を集中し、共同体の公益を考えなくなっている風潮はないであろうか。公益意識が育まれるためには、組織の規模が適正であり、強い帰属意識が働くことが必要である。適正規模を超えた組織は規模を見直す努力が必要である。

例えば東京在住の者にとり、東京都は大きすぎてその活動が身近に感じられない。都知事選には関心を向けても、それ以外のことには「我々の都」との意識が低い。逆に区や市は身近である。都の広報誌は見なくても市報は隅から隅まで目を通す。「我らの市」である。都と市の役割を見直し市に比重を移すことはできないか。

東京は既に誰が見ても適正規模を超えている。日本では地方分権や道州制が言われて久しいが議論が進んでいるようには見られない。組織に対する帰属意識が高まり、組織が活性化するには是正が必要との共通認識があるにもかかわらずである。クオリティー・オブ・ライフの観点から改めて規模の適正さを考え直す必要があることを強調しておきたい。スイスは人口七〇〇万の小国であり、日本のような国のモデルにならない、との論に反論しておく。

4　自然

スイスのクオリティー・オブ・ライフにとり、豊かな自然はかけがえのない要素である。

ドイツでもイギリスでも、自然は人々の生活に欠かせない重要性を持つ。イギリスでは富裕層は地方に別の住居を有し、週末ともなればそこに行って自然とのふれあいを楽しむ。

ドイツ人の自然好きは有名である。元々、ドイツ人の先祖であるゲルマン人は森の民として知られる。そこでは、森は神秘的存在としてとらえられ、ゲルマン人の心のよりどころであった。ゲルマン人は森と一体化することにより、自らのアイデンティティーを確認したのであり、森と離れたゲルマン人はなかった。森は畏敬の対象であり、崇め奉ると同時に何やら恐ろしげなところであった。グリム童話にはそういう森が多く登場する。

現在のドイツ人はこの伝統を受け継ぐ。森は特別の存在であり、森があってこそのドイツ人のアイデンティティーという思いがある。これがワンダーフォーゲルに繋がり、ドイツ人の散歩好きの背景にある。ドイツ人にとっての散歩は、日本人が思い描くそれとは随分異なる。日本人にとり、散歩は何やら暇つぶしの感がある。ドイツ人の散歩に向き合う姿勢は真剣そのものである。散歩とは健康と人間性を取り戻す重要な行為であり、これを欠く生活は肉体か精神のバランスの失調をもたらす。日本人にとっての散歩はいわばつけ足しであるのに対し、ドイツ人の散歩は、本来あるべき人間性に戻る重要なプロセスである。

そういうドイツ人にとり、自分が自然の中にあることは特別のことではなく、本来の姿に戻ることに他ならない。自然の中に存在して初めて人間は肉体だけでなく全人格的に生き生きとした生活を送ることができる。

スイス人にとり、自然は、ドイツ人のような精神的高みを持った哲学的存在ではない。むしろ、ごく普通に日々の生活が自然と共にあるのであり、昔からスイス人は良くも悪くも自然の脅威と恩恵から離れることが許されなかった。腐れ縁、との表現は的確性を欠くが、自然は空気のような存在である。スイス人は自然から全てのものを受け取った。澄んだ空気、牛馬を飼育するための牧草地、美しい景観。スイスは自然と共存してきたのであり、ミルクもチーズもチョコレートも、時計も山岳列車も、その全てが自然抜きでは考えられない。

近代化が進行してもこの事情は変わらなかった。山を刳り貫き、深い谷底を望んで橋を架け登山列車を通し、スイスの自然はそれなりに変貌したが、美しい景観は昔のままである。近代化により木々は薪と化し伐採が進んだが、その後にはきちんと植林が行われた。スイスの山々は今も雄大な姿でスイス人を見下ろし、馬糞の臭いはスイスの生活の趣ですらある。スイス人は、近代化の嵐の中でも、生活の「パートナー」である自然を大切に保存した。現在に至るも、スイス人の生活は自然と共にある。

管理の対象としての自然

しかし、この自然は、日本人が感覚的に捕らえる自然とは異なる。

日本人が自然を考えるとき、自然は、日本人が生まれる前からそこに存在し、時に猛威も振るうが、豊かな恵みももたらす愛すべきものとして理解される。豊かな自然、彩りあふれる自然、四季折々の自然、という言葉は日本人の自然に対する憧憬である。

スイス人にとり、自然はこういう感覚とは異なる。自然は、厳然として目の前にそびえ、人々の生活を束縛し、長く人の手に余るものであった。しかし、近代文明がこれを劇的に変えた。自然は近代文明の前にひれ伏したのである。かくて、自然は開発の対象となり、開発により人に恩恵をもたらすものとなった。それは管理の対象であり、飼い慣らすことができるものとなった。自然と共に暮らすとは、自然の恵みを受けつつ暮らすことではなく、自然を人間の管理下に置きこれを従わせることである。

最早、人力は自然の力を上回った。放っておけば、自然は人力の前に破壊し尽くされるのであり、従って管理とは保護でもある。人間の行為の結果を自然がいつの間にか浄化するとか、あるいは、人間の行為の結果、一度破壊された自然がいつの間にか回復するとかいうことはない。保護しなければ自然は消滅する。

犬のしつけと自然の管理

ここで、スイスの犬のことを考えてみる。人と自然界の動物との関係である。

最近、日本でも犬を連れ歩く人が増えてきた。日本の居住環境でペットを飼うのは容易とは思われないが、生活水準が上がったからか、あるいは高齢化の影響か、いずれにせよ飼育人口は急激に増え、最早、ペットは家族の一員になったかのようである。

スイス人にとり犬は近い存在である。最近でこそ日本もペットブームだが、スイスでは遥か以前か

スイスのセントバーナード犬

ら犬は大事なペットでありつづけた。スイスの町を歩くと、犬が人と同じ地位にあるかのように、自然に人の社会に溶け込んでいる姿を目にする。犬はレストランであろうと電車であろうと堂々と居場所を確保する。犬は立派な市民権保持者である。

確かに、東京など人口過密なところと、スイスなど自然味溢れるところとで犬のあり方が違うのは当然である。日本では、犬はレストランの中に入れず、専らテラス席にご主人と一緒に陣取るし、電車の中に入れるのは介助犬だけである。しかも犬が首ひもなしに自由に街中を動き回ることは決してない。

しかし、スイスで、犬がレストランの中であろうと電車の中であろうと首ひももつけず自由に出入りできるのはもっと根本的な違いがあるからである。犬の躾である。日本では、飼い主が犬をテラス席のイスに座らせることはよくあるし（気の利いた飼い主は、イスに犬用の座布団を敷き、犬がイスに直に座らないよう配慮しているが）、テーブルに足をかける犬すらないわけではない。

スイスで、犬がこのような行動をとることは決してない。そこは徹底していて、レストランでも電車でも犬が座るのは主人の近くの床の上と決まっている。飼い主は犬の躾に責任を有し、躾られていない犬は市民権がない。市民はそういう犬の存在は許さないし、犬の不祥事はひとえに飼い主の責任である。スイスでは、犬は専門の機関で一定期間、躾を受けなければならないとされている。それは犬の学校であり、犬は町中に出る前にきちんと教育を受けなければならないのである。犬は「義務教育」を受けなければならず、教育課程を修了して初めて大手を振って町中を歩けることになる。

筆者がスイスのブリーダーと話したところでは、犬は何歳までに何を躾なければならないということが決まっている。定められた年齢を過ぎてしまうと、犬はいくら躾をしても習得しない、という。逆に言えば、定められた年齢に達する前に躾を受ければ、躾が行き届いた立派な犬になる。

確かに、スイスの犬が町中で騒ぐのを見たことはないし、ましてや犬が吠えるのを聞いたこともない。犬は、人とすれ違っても人を意識することなく行き過ぎるし、レストランでも電車でも子供以上におとなしい。それが徹底しているからこそ、犬は堂々とその居場所を主張できるのである。

スイス人にとっての自然

このことはスイス人の考え方の一端をうかがわせるようで示唆的である。スイス人にとり、躾られていない自然のままの犬は人の生活空間に入り込むべきではない。十分な躾を受け、人間のコントロールが及ぶ状態になって初めて人の住む空間に居場所を与えられる。スイス人にとり、自然は生のまま人の居住空間に入り込むことは許されず、人がコントロールできる状態に手を加えられて初めて人と共に生活する資格を与えられる。

スイスは豊かな自然に恵まれ、うっそうと茂った木々が人々に日々の安らぎを与える。しかしこの木々はその多くが植林によるものである。

一八世紀以降、産業化が進行する中、スイスを含めヨーロッパは大量の森林を伐採し燃料とした。その結果、多くの木々が失われた。山は丸裸になり、雨は地中に吸い取られることなく川に流れ落ちていった。土は乾燥し土地は荒れ果て最早耕作もままならなくなった。その反省から植林が行われることとなり、山は今日の姿を取り戻した。今では、人の住む空間は豊かな自然に溢れスイスの山々はうっそうとした木々に覆われる。

ベルンでは、秋になり落葉が始まると、市職員が枯れ葉掃除機で掃除する姿が目につく。何せ、町は豊かな自然に覆われているから落ち葉の量も並大抵ではない。あちこちに溜まる膨大な落ち葉を市職員が丹念にかき集める。この掃除機は吸い取るのではなく、逆に落ち葉を吹き飛ばす。吹き飛ばされた落ち葉は一か所に集められ林に運ばれ堆肥になる。新たな命がこれにより育まれる。自然は人の管理により美しい姿を保っている。

スイスと言えば、日本人はハイジを思い浮かべるが、牧草地も同様に人の手入れが欠かせない。美しい自然は管理なしに保つことはできない。スイスの自然は人が手を加えた自然なのである。

スイスは、急峻な山々に隔てられ互いに行き来もままならない共同体が集まって構成された。スイス人にとり、自然は長く脅威であった。自然と共に暮らすとは、自然と仲良く共存することではなかった。そんなことをしていては、自然の猛威の前に人間はひねり潰されてしまう。如何に自然の脅威から身を守るか、それだけを考えていたスイス人は、やがて近代化の訪れと共に自然をコントロールする術を身につける。その時から、人は自然を手なずけ、これを自らの意のままになる自然に作り替えた。山にはケーブルカーが走り、目もくらむ橋が深い谷底をのぞく。鉄道がその上を、ゆっくり足下を一歩一歩確かめながら走る。トンネルは刳り貫かれアルプスを挟んでイタリアとドイツが繋がった。

スイスの歴史は、人が自然に手を加え、これを人の支配の下に置く歴史であった。人の支配が行き渡ったのが今の美しい自然に溢れたスイスである。

これは日本人の生き方とは異なるであろう。

スイス人と日本人の異なる自然観

世界でもまれに見る豊かな自然を享受し、その恵みの下に、太古から生活の営みを続けてきたのが日本人である。

自然は恵みを与えるものであって克服するものではなかった。台風、地震、豪雨等々、これほど自然災害が多い国も少ないが、多くの場合は過ぎ去れば元の平穏な生活が待っている。台風が来れば、じっと家にこもり静かに台風が行き過ぎるのを待つ。そうすれば、翌日にはからりと晴れたすがすがしい朝がやってくる。

北日本や日本海側を除き、日本では何か月も雪の中に閉じ込められ、互いの行き来が失われる中で生活しなければならないことはない。

スイスでは美しい花を窓辺に飾り、それが村の通りに彩りを与えるが、日本では一輪の花を床の間に飾り、そこに擬似的自然を作り出して茶を楽しむ。

スイスでは、人の生活は自然を峻拒したところに成立し、日本では人の生活は自然を取り入れたところに成立する。スイス人にとり自然は厳しく、日本人にとり自然は優しい。その結果、スイス人は自然に手を入れ、共に生活できるよう自然を作り直す。犬に手を入れ共に生活できるよう躾るのである。先にスイス人はおやつに生ニンジンを携行し、四〇度の高熱を薬の処方なしに治すと書いたが、スイス人にとり、自然志向とは、決して生のままの自然を志向することではない。

日本人と自然

日本人にとっての自然を今暫く考える。

ヨーロッパと比較し、日本の特徴の一つに「華奢」ということがあろう。

それは至るところに見ることができる。例えば、身近なところで銀行のATMがある。ドイツの銀行に置かれたATMは頑丈でどっしりとしており、さながら如何なる強盗が押し入ってもこれを持ち運ぶことは困難と思わせるようなところがある。客が何回使用しても汚れることなく、傷つくこともない。凡そ現金を扱う機械である。ドイツ人にとり何よりも大切なのは、作りを頑丈にし、如何なる事態が起ころうと客の信頼が失われることはゆめゆめない、ということなのであろう。

あるいは、車のドアである。ドイツの高級車のドアを閉めたときのガシッとした響きは他車を寄せ付けない。ドアは完全に閉じられ、走行中如何なることがあろうと、人が外に放り出されることはない。そういう安心感がドイツ車にはある。

これに対し、日本の場合、頑丈であることには余り重きを置かない。それより使い勝手がいいことが重要であり、頑丈すぎる作りは往々にして使い勝手が悪い。モノは程々に丈夫であれば良く、むしろ軽さ、手頃さ、使いやすさが重視される。その結果、ヨーロッパの製品と比較し、日本のものは軽量、簡便、簡素との印象がある。言葉を換えれば華奢である。

そう、長い間思っていた。ある時、日本で温泉につかる機会があった。

宿は純日本風、疲れが癒やされる心持ちである。部屋の縁側から庭が広がり、日本的自然が満喫できる。石に苔がむし、池に鯉が泳ぐ。風が吹き、枯れ葉が池の水面に浮かぶ。部屋との間は障子が仕切り、中は白熱灯の橙色の明かりが仄かにともる。灯りの周りが次第に暗闇に吸い込まれていき、灯りが部屋に調和する。部屋全体が暖かくはないが、暖房器具の所はぬくぬくと、暖をとるにはちょうどいい。

ここには部屋と庭の自然との一体感がある。部屋の中に庭の自然が入り込み、部屋に居ながらにして人は自然の趣を味わう。部屋と庭は峻別されておらず双方一体となって人の生活空間を形作っている。そのために、仕切りは障子でなければならず、灯りは白熱灯でなければならない。暖は仄かなものでなければならない。自然を拒絶するのではなく、自然と共にある為には、自然との仕切りは自然に近いものでなければならない。華奢といえば華奢だが、それであるが故に初めて自然に馴染む。

なるほど、日本のモノの作り方は、自然の中に人間の生活の場を見いだす工夫であった。日本人は恵まれていた。庭を愛で、俳句をひねり、四季を楽しむ。

豊かな自然は、同時に人に優しい自然であった。時に怒り猛威を振るうが、怒りが収まれば元の優しい恵で人を包んでくれた。長い間、日本人はそういう自然と共に生き、それが日本文化を作り上げてきた。それは華奢で且つ自然に優しい、自然との調和を求める文化である。ヨーロッパの厳しい自然はそこにない。

現代日本の中の自然

日本人には、そういう自然との関わりがある。これは世界に誇れる文化である。

この文化は、自然に溢れるスイスにもない。

近年、ヨーロッパからの観光客が急増し、日本文化のこういった面に着目しだした。ある報道によれば、最近フランス人観光客が中国地方のある村に着目するようになった、とのことである。そこでは、特にフランス人観光客を意識し、その嗜好に応じたプランを提供している。フランス人観光客は、素晴らしい日本の自然を静かに楽しみたいという。観光客に溢れ喧噪を極めるところは、いくら日本の自然が素晴らしくても魅力がない。日本の自然は静寂な中に味わってこそその魅力を満喫できる、という。なかなか憎い要求だ。

村はこれに応え、一人だけ（一グループだけ）のプランを作った。一日中、その村の段々畑の自然を独り占めできる。価格は低く抑えた。一万円を切る。他に観光客がいないから日本の自然の中に静かに浸りきることができる。村は、フランス人好みのフランス料理を用意した。村からシェフが行って料理するという。至れり尽くせりである。フランス人観光客はシェフの手料理に舌鼓を打ちながら日本の自然を満喫する。うらやましいプランである。

ところが、フランス人観光客は更に要求を出した。できればフランス料理でなく純粋日本料理にしてくれないか。日本の自然を、フランス料理と共にでなく、日本料理の、例えば味噌汁に漬け物、焼き魚などと共に味わいたい。純粋日本を味わいたい。それはもっともである。村はそういう要望に応えプランを練り直しているという。村もたいしたものである。客の要望にできるだけ応えようとしている。観光客側にとってはたまらない。リピーターが多くいるそうである。

翻って少し考えてみる。

こういう旅行プランがどうして日本人の要望として出なかったか。

日本の庭を、障子を挟み白熱灯をともして味わう民族である。静かに日本の自然に浸りたいとの要望が出、それに応じた旅行プランが日本人用に既にあってもおかしくない。

日本人は群れるので静寂の中の自然は苦手であり、喧噪の中の自然の方がいい、日本人はヨーロッパ人（プロテスタント）のように神に一対一で向き合うことがない、同胞が必要である、との解説はすぐ考えつく。

自然を諦めた日本人

別の角度から考えたい。

日本人は近代化で何かを失ったのではないか。

近代化とは、明治に始まり、戦後更に加速された社会の一大変革である。地方在住者はいざ知らず、東京在住者にとり、日々の生活を自然の中に味わうとの余裕はない。

障子も白熱灯も既になくなって久しいし、この東京のどこに自然があるというのだろう。

床の間に花を生けるといっても、そういう床の間がある家はそう多くない。家で茶を点てたしなむことを日課としている家がどれほどあろう。ベランダには、所狭しと鉢植えが並べられる。足の踏み場はないが、しかし花はある。プランターの野菜栽培が盛んである。せいぜいそういったところであろう。

近隣の高尾山でも湘南でも箱根でも千葉でも、自然があるところは人でごった返し、人を愛でる趣味がない者にとり、そういう自然に魅力はない。

もう少し足を伸ばそうと思って車で出かければ、帰りに渋滞に巻き込まれ大変な思いをする。そうまでして富士の麓の自然を味わおうとは思わない。

自然と共にある生活を望まないわけではない、しかし今の状況ではそれは無理である、それが恐らく、大方の偽らざる気持ちでないか。

それでも、近くにコンビニがあれば便利である。何より、勤務先を考えれば東京を離れるわけにはいかない。

定年後に田舎に引き込むといっても、既に東京に慣れた者にとり、田舎暮らしは煩わしいことこの上ない。そういった所でないか。

しかし、もし日本人が自然を神秘的、哲学的存在と考え、あるいは生活の「パートナー」として考えていれば、今の日本の状況はなかったのではないか。日本人の自然に向き合う姿勢が、どこかヨーロッパ人のそれと異なっているのではないか。自然なしの生活では息が詰まる思いであり、一刻たりともそういう中では生活できない、とは日本人は考えないのではないか。

自然に甘える日本人

日本人は古来、豊かな自然の恩恵に浴し生活してきた。自然は、時に猛威を振るうことはあっても、通常、優しい「母なる自然」である。我々日本人を優しく包み、幾多の恵みを与えてくれる。自然は、我々日本人の生活のいたるところを占め、我々はその自然に浸って生きてきた。母の胸に抱かれ生きてきたのである。

そういう自然は、いついかなる時も存在し、優しく我々を包み込み常に恵みを与えてくれる存在であり、その存在は、改めて考えるに値しないほど当然なものとして日本人は受け取った。

しかし、こういう日本人の自然観は、既に説明したとおり、スイス人の自然観とは大きく異なる。スイス人にとり、自然は常に目の前にそびえたち、行く手を阻み、耕作をしようにも限られた猫の額ほどの場所しか与えてくれないいとも厳しい存在だった。何と言っても、冬になれば白一色の世界に人々を閉じ込め、吹雪や雪崩とともにその生存を脅かした。母なる自然とはとても言えず、敢えて言えば峻厳な「父なる自然」とでも言おうか。それは、スイス人を常に優しく包み恵みをもたらす存在ではなかったのである。

日本人にとり、自然が、そういう優しい、従って甘えの対象となりうる存在であったとすれば、そしてまた、その自然が、汲んでも涸れることのない豊穣の恵みをたたえたものであったとすれば、その自然を作り直すなどとの発想はなかったに違いない。その自然を管理し、更には育成していくとの考えはなかったに違いない。自然はあるものであり、手を加え維持していくものではない。

自然が、当然のこととしてそこにあるものであると考える日本人にとり、自然を生活の一部として、意識してそばに置いておかなければならないとの考えがなかったとしても不思議でない。スイス人が自然を征服しつつも、しかし、生活に自然の潤いは不可欠とし、常に管理された自然を生活の中に共存させるのと違い、日本人は自然に甘え、その存在を当然のこととして考えるが故に、これを、何が何でも生活の空間の中に残しておかなければならないとは考えなかった。いつだってそばにあるものであるが故に、その存在を不可欠なものとして考えることがなかった。

あの、自然の中に暮らし、障子や白熱灯の仕切りだけで自然を生活空間の延長においた日本人が、かくも簡単に自然を生活から切り離し、コンクリートの中で息詰まる生活を送っている。何とも不思議としか言いようのない光景であるが、日本人にとり、当然そこにあるものであった自然であるが故の結果なのであろう。

近代化における日本人の自然

日本人は、これだけ豊かな自然に恵まれ、古来、その恩恵に浴してきたにもかかわらず、近代化の過程で、容易にその恵みを放棄した。あるいは放棄できた。如何に近代化の嵐が吹き荒れようと、「自然と共にある生活」を死守しよう、との生き方は選択しなかった。

ドイツ人やスイス人と比較したとき、日本人は近代化の魔法にいとも簡単に惑わされてしまった。近代文明の利便性、先進性は、神の如きものとして日本人の前に現れた。明治の時は植民地化の恐れを伴ったヨーロッパ文明が現れ、戦後は、占領下での、有無を言わさぬアメリカ文明が現れ、近代文明は日本人にとり神のようなものとして出現した。

それは有無を言わさぬものであり、近代文明の前に日本古来の文明が占める場はなかった。まして自然など、である。

第三の「平成の転換」

日本人のこの姿勢は、高齢化社会の到来と共に変わるのではないか。

高齢化社会の到来は、植民地化の恐怖に恐れおののいた「明治」、占領下で価値観の転換を迫られた「昭和」に次ぐ、第三の「平成の転換」である。日本人は恐らく高齢化社会と共にその価値観の最も深いところを転換させていくに違いない。既に商品開発はその方向に進みつつあるようである。それは一言で言えば、商品の高品質化・高価格化、個別化、自然志向化、そして以下に述べる歴史重視化である。

平成の転換とは、日本人が明治と戦後の近代化の中で失ったものを取り戻すプロセスである。取り戻すためにこういう方向に商品開発が進んで行くに違いない。国民が食うや食わずの時に選択の余地はない。植民地化の恐怖が迫り占領行政が敷かれている時に、国民が抗弁できる余地があろうはずもない。

しかし、明治の開国から一五〇年、昭和の敗戦から七〇年が経過し、経済がこれだけ豊かになった今、日本人の価値観が以前のままであるはずがない。今の日本はこれまでの惰性で生きているのである。どこかで転換することが不可避である。転換に向けた何かのトリガーがいる。それが高齢化社会であるに違いない。転換の先にあるもの、それはクオリティー・オブ・ライフを追求する日本人である。

5　歴史

歴史の重み

ヨーロッパの視点でアジアを見ると一つ驚くことがある。

近代の前に歴史がひれ伏しているということである。それは驚くことではないのかもしれない。近代の夜明けと共にヨーロッパ勢力が押し寄せ、アジアはその歴史を否定されヨーロッパの「文明」を押しつけられた。アジアの側も進んで文明を受容し近代化に努力した。そこに「歴史」が占める場はなかったのである。

日本はそのいい例である。「近代」の前に、多くの「歴史」が姿を消し、例えば、東京は、つい昨日創建されたような趣である。歴史に価値は見いだされず、人々はこれをいとも簡単に消し去る。歴史に浸りたい人は特別な場所、奈良や京都に行かなければならない。大相撲は歴史を感じさせる稀少なものとして外国人に人気である。

奈良や京都には歴史を感じさせる建物、庭園、文化財が目白押しである。その修復に携わる職人は一五〇〇年の伝統を引き継ぐ。ここに、歴史を容易に「消し去る」との姿勢は見られない。ところが東京に行くと事情はそうでない。安普請の建物がこれでもか、というくらい建ち並ぶが、これ一つ見ただけで、この国の首都が歴史とどう向き合ってきたかが分かる。

ここでは、歴史は否定し去るべきものであり「消し去る」べきものである。では、肯定すべきは何か。明治期のヨーロッパ文化と戦後のアメリカ文化である。東京の景観は、歴史が欧米の文化に「置き換えられた」姿である。

しかし、アメリカはともかくヨーロッパは、ギリシャ、ローマから始まり、長い年月をかけ文化を創り上げてきた。そこには、ヨーロッパの風土、地理、人々の生活、闘いなどがぎっしり詰まっている。そういう長い積み重ねがヨーロッパ文化である。

日本はそれを明治期に受け入れ、戦後はアメリカ文化を受け入れた。しかしその受け入れは急ごしらえであった。明治期は植民地化の恐怖の下、とにかく急いで欧風文化の体裁を取り繕わなければならなかった。戦後は、占領という異常事態の下、有無を言わさぬアメリカ文化の受け入れであった。いわば、どちらも未消化のままの外国文化の受け入れであったのである。それは文化の受け入れというには余りにおこがましい、単に文化の「置き換え」が行われたに過ぎないと言うべきなのだろう。東京では、今、我々はこの置き換えられた外国文化の中に暮らしている。そこに、歴史を重んじる風がないのは当然とも言えるが、中で暮らす我々がそれを不思議とも感じないのには違和感がある。

ヨーロッパに於ける歴史

ヨーロッパを見ると状況はまるで逆である。歴史は是とされ、人々の暮らしは歴史の中にある。

これを、ヨーロッパは、かつての全盛期をいつまでも懐かしんでいる、と見ることは容易である。確かにその過去の栄華に対するこだわりは頑固とも言えるほどである。しかし、このヨーロッパ人の「懐古趣味」は、単に昔を懐かしむことを超えた、何かもっと深いところに横たわるヨーロッパ人の生きる姿勢といったものを感じさせる。

それは、ヨーロッパ人の価値観にからむものであり、日々の生活で何を大切と考えるか、ということである。

ドイツは戦争で焼け野原となり、多くの都市が戦後復興された。しかし、ドイツ人にとり、都市の復興とは、新たなコンセプトで新たな装いの町並みを創ることではない。かつての、破壊される前の佇まいを正確に復元すること、それがドイツ人にとっての町の復興である。

フランクフルトの復興

フランクフルトも、戦争で灰に帰した。戦争が終わったとき、町は瓦礫の山と化し、人々は、その瓦礫を片付けることから活動を始めなければならなかった。瓦礫を片付ける女性は「Trümmerfrau 瓦礫の女」と呼ばれた。そこには自嘲の気持ちもあった。

そうやって、例えば、町の中心である市庁舎前広場が片付けられた。そして新たにそこに市庁舎前広場を造るに当たり、人々が持ち出したのがかつての広場の景観図である。

そこには、戦争で破壊される前の建物が詳細に記録されていた。人々はそれを忠実になぞり、見事に市庁舎前広場を復元した。今、観光客が目にする広場は、かつて中世の頃、人々が物を交換したマルクトである。

人はそこに立ち、中世に思いをはせる。この水飲み場に、各地からやってきた商人が馬を繋ぎ、持ち寄った品々を並べ、商いを繰り広げていった。中世の人々の生活の臭いがそこにはある。戦争で灰と化した町であるにもかかわらず、である。

人々にとり、歴史と一体化した生活がそれほど大事であったのか。日本人の一人として、改めてヨーロッパにおける歴史の重みを感じないではいられない。

年代物こそが価値であるヨーロッパ

日本人は新しいことに価値を置く。

古いモノは新しいモノにとって代わられなければならない。丁度、さなぎが脱皮し、それまで自らと共に生きてきた殻を、何の躊躇もなく脱ぎ捨てるかのように、古いモノはこの世から姿を消して当然と考える。

それは、建物などの大きな建造物だけの話ではない。

ここに男性用鞄がある。ドイツ人の鞄は一般に年代物である。手あかが染みつき、いかにも使い込んだという風情が感じられる。ドイツ人が持つカバンの多くは牛革製である。ヨーロッパでは放牧が盛んであり、従って、牛革は日本より入手が容易との事情もあろう。しかしそれだけではない。革は歴史を感じさせる。

ここでは、日本で馴染みの、流行の軽い新素材を使った鞄はまずお目にかかれない。革製であるが故に、長年使えば手あかが染みつくが、これが汚れになるのではなく、逆に、長年使いこんだが故の風情を醸し出す。

つまりここでは、年代物こそが価値があるのである。最近買い込んだ流行モノは、なんだそんなもの、といった具合である。

中には、長年使いこんだ風情を超え、形が崩れ、角が擦り切れたモノもしばしば目にする。しかし、ドイツ人にとりそれこそが価値ある代物である。なるほど、ドイツ人は品物をこうやって扱うのか、と思う。

そう思いながら、ある時ふとショーウインドーを見て驚いた。なんと、よれよれの、角が擦り切れた、使い込んだ鞄を売っている。しかし、ここは中古品を扱う店ではない。これはれっきとした新品である。ドイツでは、わざと型を崩し、角を擦り切れさせ、手あかがつき使い込んだかのような趣を醸し出す鞄が新品で売られている。

ドイツ人にとり家具は三代にわたり引き継ぐべきもの、とはよく言われる。良い家具は一代限りで使い捨てることはない。子にも孫にも引き継がれていく。だから家具は重厚である。また、そういう重厚な家具を置くだけの住居がそこにはある。

ドイツ人の家は立派なモノだけではない。所得の低い者は狭い集合住宅に暮らさざるをえない。しかし、そこにはやはり重厚な家具が鎮座しているのである。家具へのドイツ人のこだわりがそこにある。

ドイツ人につき色々述べたが、事情はスイス人も同じである。要するにヨーロッパ人は歴史を重んじる。歴史の中に暮らすことに安らぎを覚え、新しいモノが生活空間に入ってくると何か落ち着かないものを感じる。

人は、慣れ親しんだモノに囲まれ生活するときに安心を覚える。新しいモノに慣れるのは大変である。それは別に老人だけではない。新しい環境に慣れるということは労力を要するのである。

とすれば、日本人のほうが特異なのであろうか。

ヨーロッパ人にとり歴史が意味するもの

翻ってアジアを見ると、日本だけが特異かと思ったものが他にもあることに気付く。

例えば、シンガポールである。この成長著しいアジアを代表する国に、新しいモノが我こそはと言わんばかりに次々と姿を現す。この国の印象は日本と同じである。

シンガポールも、独立当初、国の存続が危ぶまれた。小さな島に食料もない、水すらもない。無謀とも言える国家建設は、しかしリー・クアン・ユーの強力なリーダーシップにより見る見る成功を収め、今や一人当たりGDPで日本の上を行く。シンガポールにとり、生き残りのためには、人材こそが唯一の資源であった。優秀な人材を育成し、その人材を要所に配置し上からの強力な近代化がすすめられていく。その過程で古いモノが新しいモノに次々と置き換えられていく。この点、シンガポールは日本に類似する。

この新しいアジアと古いヨーロッパのコントラストは強烈である。日本、シンガポールといった新しいアジアから見れば、新しい技術を取り入れ、開発し、産業を振興して競争を勝ち抜いていくことこそが目標である。国民が後ろを振り返っている暇はない。

では、ヨーロッパの考えは何なのか。歴史と一体化した生活にこそ価値を見るとはどういうことなのか。なぜ、そこまで歴史を重んじるのか。

筆者は、この点は重要と考えるが、ここで明確な答えを提示する用意がない。

ヨーロッパ人にこれを質問すれば、逆に日本人はなぜ歴史を軽んじることができるのかと質問を受けそうな気がする。つまり、歴史の中に暮らすことはヨーロッパ人にとり特別なことでない。そうでない生活は考えられない。彼らからすれば、人は、自然に歴史のにおいのする生活を選り好みするものだ、と考えているに違いない。

彼らからすれば、歴史とは安心であり、安らぎである。過去から暮らしてきた中に今も暮らす。そこには、長年彼らを取り巻いていた様々な生活環境がある。それは実に幅広い内容を持つものであり、文化、人間関係、アイデンティティー、苦悩、その他ありとあらゆるものがそこに含まれる。そういうもろもろのものが詰まったものが過去であり、現在の暮らしはその過去の暮らしと共に存在する。現在が過去と共にあることが、彼らの安心であり安らぎである。彼らにすれば、これは人の自然な感情である。

従って、彼らから見れば、歴史をいとも簡単に否定し去る日本人（あるいは東京人）は、この自然の感情を何らかの理由により押し殺している、と見える。

その理由が何なのか。

6　共同体

共同体と歴史

共同体は歴史を尊重する。

共同体思想は保守主義である。長い間培ってきた風習、習わし、掟の中に安定の鍵があるとする。歴史の中にはそういう重みが詰まっている。共同体は人と人とのつながりをもたらす。顔なじみであることにより人は安心を得る。顔なじみで構成する共同体は何より安心の源泉である。だから、共同体は、そこそこの規模でなければならない。この、「そこそこの規模」という考えは重要である。規模は大きすぎてはならないのである。これは既にふれた。

この伝統的共同体が、近代化と共に破壊された。

近代化を推進するための道具は、何より国民国家であった。人々を国民国家の単位に統一することが近代化の推進にとり有利であったため、各国は競って国民国家の形成に走った。日本も又、然りである。国民国家のレベルで、経済政策を立案し、推進し、企業は国民国家という広い領域の中で安定した雇用を確保し、広大な市場を利用した。

この過程で伝統的共同体は破壊されていった。伝統的共同体は近代化にとり小さすぎたのであり、また、近代化の下で進行した都市化は伝統的共同体とはもとから相反する存在であったのである。近代化とは、人が伝統的共同体から放り出される過程である。近代化とは、人が伝統的共同体という居心地のいい揺りかごから、世間の荒波に投げ出される過程である。

戦後日本は、この近代化がもたらす味気ない世界を、会社人間になることで半ば回避した。そこでは、会社は新たな共同体だった。勤務時間後、同僚と赤ちょうちんで交わす一杯は、人が新たな共同体の絆を確認するひとときであった。それにより、戦後日本はそれなりに安定した。人は、会社の同僚と、新たな共同体の一員としての絆を確認することができたからである。会社が設定する目標に一致団結して邁進することは絆を強化する上で有効だった。

日本が、例えばアメリカと比較し、犯罪率が驚くべき程低いのは、社会に今なお存在する共同体意識と無縁でない。そこでは、個人は切り離された「個」として存在していない。「個」は共同体の中の「個」であって、切り離された「個」ではない。

これに対し、アメリカは元々移民で構成された社会である。移民は出身国の共同体から切り離された存在としてアメリカに渡ってきたのであり、そこには文字通りの「個」しか存在しない。アメリカではボランティアや協会の活動が盛んだが、これは、この「個」しかないという弊害を和らげようとする人為的試みである。

無論、共同体には負の側面もある。共同体の構成員は共同体の掟に縛られるのであり、共同体に日々の行動を監視されるのである。縛られ、監視される方にとっては、共同体は煩わしい存在である。それは旧態依然たるものであり、新しい近代の理念により打ち破られるべきものである。実際、歴史はこれを打ち破ってきた。人は本来自由な存在であり、何ものにも縛られることなく自由にその能力を発揮すべきである。人は基本的人権を有しているのであり、それが守られることなく、選挙権が制限され、男女の平等が侵害され、自由市場での経済活動が阻害されることがあってはならない。

この思想により、それまで行動の自由が阻害されていた者は、束縛から解放され、自由を謳歌し、人権を保障された。近代化が果たした業績は慧眼に値する。

しかし、他面、束縛から解放された個人は不安定でもあった。共同体は、それまで自分を束縛するものだったが、同時に、顔なじみ同士のつながりを確保するものでもあった。人は共同体の中で生き、束縛を感じながらも人との絆を実感することができた。それが近代化と共に断ち切られてしまった。

近代化と共同体

スイスの本質が共同体にあり、そこには現在なお、色濃い共同体としての側面が観察される、とはスイスのクオリティー・オブ・ライフの核心である。

確かにスイスで、庭の木をしっかり伐採しなければ近隣の人が見ていて忠告の手紙が届くとか、家の前の雪かきや芝刈りが行き届いていない時、近隣から無言の圧力があるとかいうことは、住民にとり煩わしいことである。しかし、この煩わしさは、共同体の恩恵に浴するための欠くべからざるもう一つの側面に他ならない。住民が互いに見ているということが、犯罪を抑止し、相互扶助を促進する上でどれだけ重要なことか。スイスはこの共同体的性質を今に至るまで維持することにより、人々が本能的に希求するものを確保しているのである。

しかし、スイスは世界に冠たるグローバル企業を有する、いわば近代化の旗手である。ある意味、スイスは近代化の先頭を切ってそれまでのアルプスの最貧国たる地位を返上してきたのである。国民はそのお蔭で一人当たりGDPトップクラスの豊かさを謳歌している。

そのスイスが今なお、昔ながらの共同体的色彩を色濃く残し、人々が、近代化がもたらす「個」の孤立から免れているのは見事という他ない。ここには「近代化」と「共同体」が見事にバランスをとって併存している。結局、このバランスこそが重要なのである。近代化は「個」を解放し繁栄をもたらしたが、同時に弊害も生んだ。

我々は近代化を、諸手を挙げて全面的に受け入れるわけにはいかない。その弊害をきちんと認識し、それを最小限にする「手当」を講じなければならない。近代化は劇薬である。効果はあるが危険もある。危険はきちんと手当てされなければならない。

ヨーロッパは、戦後、ＥＵを創設し統合を進めてきた。近代化が是としてきた国民国家自体を否定した。今や、国民国家の枠組みですら経済活動にとり小さすぎる。もっと大きな人口と市場が経済の飛躍には必要である。やがて新自由主義が世界を席巻し、グローバル化の波が起こった。ＥＵの方向性はこの時代の流れの中で更に促進されるべきものとされた。ＥＵの司令塔たるブリュッセルの官僚は矢継ぎ早にＥＵ指令を出した。それは国家を縛るだけでなく直接国民生活を縛った。人々は選挙で選ばれたわけでもないブリュッセルの官僚に自らの生活を縛られることになった。

筆者がかつて懇意にしていたドイツの高級紙『フランクフルター・アルゲマイネ・ツァイトゥング』の発行人、ノンネンマッハー氏とコーラー氏は懇談のたびに筆者に強調した。ＥＵは経済発展のためには必要である。しかし、経済と文化は別である。経済がヨーロッパ単位に統合されても、各国が大事に育んできた固有の文化は統合されてはならない。ドイツワインやフランスワイン、更にはフランケンワイン、ブルゴーニュワインが、統合ヨーロッパ・ワインになることは凡そありえないではないか、とことあるごとに強調した。それは別の言葉で言えば、近代化が進んでも共同体は残されなければならない、ということである。

近代化は経済の論理による合理的なものである。しかし人は共同体という極めて人間くさい、非合理そのものであるものを常に求めざるをえない。両者はバランスをとらなければならないのである。

それを如何にバランスよくさせるかは各国国民の知恵の見せ所である。スイスはそのバランスを見事にとっている。それによりクオリティー・オブ・ライフを手中にしている。スイスのクオリティー・オブ・ライフとは、美しい景色や安定した政治ばかりではない。それは何より近代化のプロセスの中に残存した共同体なのである。

7　傾いた弥次郎兵衛

組織なり体制なりにおいて、それを構成する要素が一つだけの時、その組織（体制）は一つの方向に偏る。それを避けようとして相対立する要素をもう一つ加えると、二つの要素が微妙にバランスをとり組織もバランスがよくなる。スイスを見ていて感じるのは、このバランスをとるうまさである。既にいくつかのところで触れた。公用語にロマンシュ語を加えるとか、連邦政府と州政府との関係をバランスよくさせるとか、近代化と共同体のバランスをとるとか、である。スイス人が多様性の中で編み出した生きるための知恵と言っていい。

現在の日本はこのバランスが一方向に傾いているのではないか。

その原因が近代化にあることは縷々述べた。

バランスが傾くにはそれなりの理由があった。そうする方が近代化の推進に便利である。

しかし、傾いた弥次郎兵衛は元に戻されなければならない。いつまでも傾いたままでは不健全である。もう一つ相対立する要素を加味し二つの要素をバランスよくさせたほうがいい。

本書で共同体の価値を強調し、スイスの生人参や馬糞の例を述べたからといって、それを現代日本にそのままあてはめられるわけもない。あくまでも傾いたバランスを元に戻すということである。

我々は、スイス人の巧みさから学ぶことができる。一つに偏らず、うまくバランスをとるためにはどうすればいいか。スイス人は、多様性の中で下手すればバラバラになりかねないところを、違いをバランスよくさせることでうまく生き延びてきた。長い歴史の中でスイス人が編み出した生きる知恵である。スイス人はこの微妙に維持されたバランスの上にクオリティー・オブ・ライフを追求する。達人の技である。

傾いた弥次郎兵衛は不健全だろう。クオリティー・オブ・ライフを追求するために我々は弥次郎兵衛のバランスを取り戻す知恵がいるのではないか。

あとがき

筆者がスイスに転勤が決まったと言ったとき、南アフリカの友人は冗談交じりに言った。「あそこには殺人も盗みもない。手に汗握るクーデターもない（当時、サッチャー元英首相の子息が絡んだ赤道ギニア、クーデター未遂事件があった）。毎日が同じことの繰り返しで、さぞ退屈するだろう」。

南アフリカ勤務を終え、ヨハネスブルクから飛行機に乗ったとき、しかし、筆者は心からの安堵感を覚えた。確かに、南アフリカには好奇心をかき立てる多くのことがあった。日々、エキサイティングな事件が目白押しだった。

何といっても、二年前、筆者が南アフリカ勤務のためヨハネスブルク空港に降り立ち、同地で開催される地球環境会議準備のため会場に向かったとき、バスに乗り込んできたのは銃を持ったニセ警官だった。サイレンを鳴らしバスの行く手を遮り、乗り込んできたニセ警官は、我々乗客に銃を突きつけ、金目のものを差し出すように言った。乗客とニセ警官の間でさんざん押し問答の末、このニセ警官はやがて何もとらずに去って行ったが、南アフリカの第一日目は拳銃を突きつけられこうして始まった。

それから二年、南アフリカの生活はエキサイティングであると同時に、しかし、常に警戒を怠ることのできない緊張の日々であった。それが今終わった。

チューリッヒ空港はヨーロッパ独特の湿った空気に覆われ、空港ロビーに降り立ったとき、ヨーロッパの臭いが鼻を襲った。もう二〇年以上も前になるだろうか、ドイツの生活でかいだ、あの臭いだった。

ベルンに着き、次の日の朝、広場で開かれていた朝市を歩いたとき、自分の周りを警戒することなく人混みの中を歩くことがこれほど幸せなことか、としみじみ思った。

スイス生活が始まり暫くして、しかし、ここはどうも思い描いていたところと違う、と思った。筆者は南アフリカからスイスに行った。スイスにはさぞかしヨーロッパがあるに違いない。あの、優雅で、しっとりとした、奥行きのあるヨーロッパ文化が溢れているに違いない。しかし、ここにあるのはどうも違う。また、スイス人は金持ちだと思っていた。しかし、人々の食事、服装、生活態度、そのどれもが所謂金持ちのそれとは少し違う。

更に、生活を続けるにつれ、何か、日本と似たところがあることに気付いた。日本独特の共同体を思わせるところである。しかしここはヨーロッパのはずだ。そこに日本的共同体があるとはどういうことか。

スイスとは何かを考える旅が始まった。それは筆者が抱いていたスイスのイメージと現実のスイスが異なったことが発端だった。スイスとは何か、何がスイスを、その根本のところで統べているのか。

それから十数年が経った。

筆者はドイツ、東ティモールと勤務先を替えた。ドイツは共同体という点ではスイスと類似する。クオリティー・オブ・ライフの考えはドイツ勤務で益々煮詰められていった。ドイツの事情は本書でも随所に触れた。

東ティモールはこれに対し、アジアの最貧国で人口規模も一〇〇万人余りとスイス、ドイツと大きく異なる。社会における共同体という点では、東アジア特有の濃密な意味合いを持つ。つまり、ここでは、現在に至るもなお、伝統的村落共同体が社会の根幹をなしている。伝統的村落共同体を根幹とする社会に、近代が否応なく押し入ろうとしている。それは見るものに強烈な印象を与える。東ティモールは五〇〇年にわたる植民地支配の後、つい一五年ほど前に独立した国である。独立と共に内戦に見舞われ国連ＰＫＯが介入したが、二〇一〇年代半ば頃から見る見る安定し始めた。そこでは、急速に近代化の波が押し寄せる首都と、伝統的村落共同体以外の何物でもない地方とが、狭い島の中に共存する。共同体を考える上でこれほど面白い事例もない。

この十数年、結局、筆者の問題意識は近代化を巡る問題にあった。近代化と対置してスイスがあり東ティモールがあった。我々は近代化により多くの恩恵を受けた。豊かな生活を享受し、平均寿命が延びた。近代化のお蔭であり素直に感謝するにやぶさかでない。経済成長こそがそれをもたらしたのであり、その果実を享受できるのは先人の努力の賜物に他ならない。

しかし同時に、現在、日本が先の見えない隘路に陥っていることもまた事実である。どうやってこの隘路を抜け出すか、これを考えていくと、近代化が持つ問題に行き着かざるをえない。そして、どうもスイスで見たクオリティー・オブ・ライフの考えあたりに答えがありそうだと思う。少なくともクオリティー・オブ・ライフの概念を鍵に近代化をもう一度見直してみる必要がありそうである。こういう経緯を経て本書がある。

スイスとは何かを考えるに際し、筆者はスイスで多くの方に教えを乞うた。

ディーター・ルーロフ・チューリッヒ工科大学教授、ハンスペーター・クリースィ・チューリッヒ工科大学教授、ヴォルフ・リンダー・ベルン大学教授、ハンス・ヒルター・ベルン大学教授、アンドレアス・ラドナー・ベルン大学教授、トーマス・ジョルダン・スイス国立銀行副総裁、アロイス・ビッショフベルガー・クレディースイス・チーフエコノミスト、ルドルフ・ヴァルサー・エコノミースイス理事、ハンスルードルフ・カマー・ノイエ・チュルヒャー・ツァイトゥング紙副編集長（肩書当時）、と名前を挙げればきりがないが、この場を借りて、これらの方々に心より感謝の意を表したい。

末尾になったが、本書の執筆に当たり、刀水書房の中村社長には、編集・校正その他細部にわたる全てに関し、ひとかたならぬ御指摘、御協力を賜った。それなくして本書が日の目を見ることはなかったであろうことを思う時、単に感謝の言葉を記すだけでは済まない気がする。本をつくるとはそういうことかと改めて教示頂いた次第である。

《著者紹介》

花田吉隆（はなだ　よしたか）

1953年北海道生まれ
1977年東京大学法学部卒業
在スイス大使館公使，在フランクフルト総領事，在東ティモール特命全権大使，防衛大学校教授等歴任
現在，早稲田大学招聘研究員，清泉女子大学理事，日本国際平和構築協会副理事長
主著
『ポストアパルトヘイトの政治経済』『東ティモールの成功と国造りの課題』等

スイスが問う日本の明日 近代の中に忘れてきたもの

2018年 6 月26日　初版 1 刷印刷
2018年 7 月 2 日　初版 1 刷発行

著　者　花 田 吉 隆
発行者　中 村 文 江

発行所　株式会社　刀水書房
〒101-0065　東京都千代田区西神田2-4-1　東方学会本館
TEL 03-3261-6190　FAX 03-3261-2234　振替00110-9-75805
組版　MATOI DESIGN
印刷　亜細亜印刷株式会社
製本　株式会社ブロケード
 ISBN978-4-88708-440-7 C1022